ケアがつなぐ連帯

シンングルマザーの声が届く社会をめざして

編集代表／砂脇　恵
編　　者／シンママ大阪応援団
シンママ熊本応援団

日本機関紙出版センター

はじめに

私は、貧困問題を専門に研究する大学教員です。２０１７年にシンママ大阪応援団のシンポジウムを聴きにいって以来、サポーターとして細々と関わりをもってきました。コロナ禍を契機に、シンママ大阪応援団にはシングルマザーからのＳＯＳが急増し、代表の寺内順子さんは、ママたちに何が起きているのか実態把握をするため緊急アンケートを実施しました。私もその集計をお手伝いすることとなり、以来２０２３年まで毎年、シンママ応援団（大阪・熊本・福岡）のサポート世帯を対象にしたアンケートの集計・分析を担当してきました。

アンケートに寄せられたのは、母子世帯の切迫した暮らしの実状とママからの悲痛な声でした。一方、私はシンママ大阪応援団に集まるママたちと出会い、その明るさ、聡明さ、笑顔にふれて、シンママ応援団に集う人びとがかもしだす優しさの空気感はいったい何なのだろうと考えてきました。それは、ママから「お母ちゃんみたい」と評される寺内さんの歓待に負うところが大きいのですが、それだけではないように私には感じられました。寺内さんがＳＮＳでママからのＳＯＳの声を発信すると、すぐにサポーターからの寄付が届く。シンママ大阪応援団には見知らぬママたちに対して、たくさんの人から優しい心が集まるのです。

私は、この素晴らしい実践を世に伝えたいと思っていました。今回、シンママ大阪応援団、熊本応援団のママたちの協力を得て、この本が編まれることとなりました。

ここで、シンママ応援団につながった女性の声をご紹介します。

＊＊＊＊＊＊＊＊＊＊＊＊＊＊＊＊＊＊＊＊＊＊＊＊＊＊

私は支援を受ける前まで、支援を受ける側は甘えてる、怠けてる。

支援をする側は甘えた怠ける人間を作る。

両方に対する理解が全くありませんでした。

実際、夫から子ども4人連れて逃げた時にも誰にも頼れない、私が決めた道だから、私が責任をもってなんとかすると肩肘張って生きていました。

そこから、子ども達との関係性はあまりよくなく、どんどん生活も苦しくなるのですが…。

シンママ応援団と出会い、寺内さんに本当の意味で、大切にされる。生きてていいよって感じさせてもらえる。

自分のこと優先していいよって言ってもらえる。

どれだけこれらのことが、生きる希望と勇気になるか。

次世代にその愛を渡せる大きなことになるのか。

それを教えてもらいました。

自己責任の呪縛から抜け出せた時、見える世界は優しいになるんだと教えてもらいました。

辛い思いをしている人たちが、本当の優しさに触れた時、その人がもつ本来の強さに変えるきっかけになる。
支援って素晴らしいと今ならどうどうと言えます。

＊＊＊＊＊＊＊＊＊＊＊＊＊＊＊＊＊＊＊＊＊＊＊

この文章は、シングルマザーの川瀬真理子さん（仮名）が、座談会（第1章収録）の後、私に送って下さったメッセージです。川瀬さんが語るように、自己責任論は「自立できない」とみなされた人を自業自得と切り捨てるもので、人びとの間に分断対立をもたらします。私が何より問題だと思うのは、自己責任論が、自立できなくさせている社会の側の問題を見えなくする「呪い」として働く点です。

「自立＝誰にも頼らず自分の力で生きていくこと」と捉えるならば、シングルマザーこそ「自立」していると言えるのではないでしょうか。なぜなら、彼女らは安定した雇用や社会保障、住宅保障からも守られず、子の父親、実家・親族にも頼れない状況のなか生きているからです。

「ケアする人のケア」を欠いた社会のなかで、シングルマザーは自らのニーズを犠牲にすることによって目の前の子どもの命を守り育てようと、今日明日をかろうじて生き抜いています。

シンママ応援団は、そのようなシングルマザーをサポートする民間団体です。２０１５年、大阪府下の社会保障改善運動に取り組む大阪社会保障推進協議会を母体にシンママ大阪応援団が発足しました。その後、志を同じくするシンママ応援団が熊本に（2017年4月）、福岡に（2020年1月）発足しました（シンママ福岡応援団は2023年度末に発展的解消）。いずれの応援団も、子どもが幸せになるためには、まずママが幸せであることが大切という視点から、DV避難後の生活基盤づくり（行政への同行支援等）、食料支援、お食事会、季節行事、居場所づくり等を通して、ママを大切にする活動を行ってきました。

ここで、本書のタイトル『ケアがつなぐ連帯―シングルマザーの声が届く社会をめざして』に込めた意味についてふれておきます。いのちをケアするママをケアするために、人びとは連帯するのだということを私はママたちから、シンママ応援団から教えられました。

これまで述べてきた通り、シングルマザーは安定的な雇用・社会保障から排除された結果、切迫した家計と生活時間をやりくりするために自身の食事や睡眠さえも切り詰めて生活をしています。

このような状況にあるシングルマザーのSOSを受け止め、シンママ応援団はお米やケーキ、野菜、子どもが大好きなお菓子、日用品等を宅配する事業を毎月続けています。こうしたサポート活動には、たくさんのサポーターの「あなたを大切に思う気持ち＝ケア」が込められていて、それを受け取ることが「ひとりじゃない」「頼ってもいいのだ」という実感をママにもたらしています。「どれだけこれらのことが、生きる希望と勇気になるか。次世代にその愛を渡せる大きなことになるのか」。川瀬さんはこう語っていました。

シンママ応援団からケアが届けられると、今度はサポート活動にママが関わり、〈ママによるママのためのサポート活動〉へと拡がっていきます。誰かからのケアが誰かへのケアへと循環していくのです。

また、サポート活動に集うママたちは、同じ経験をした仲間と出会い、おいしいご飯を囲んで語り合います。そこで互いに苦しみを共有し、頑張りを称え合い、理不尽な社会に共に怒るなかで、ケアし合う関係が築かれていきます。こうした交流を重ねるなかで、ママたちは、個人の悩みや苦しみを仲間に共通の苦しみへ、さらには不安定な生活にある人々に共通する社会の問題へととらえ直していきます。自助と母親規範を強いる自己責任型の社会に抗うママたちのレジスタンスの足場が耕されていくのです。

このような対話と協働の場に支えられながら、ひとりでも子どもを安心して育てていけるような社会をめざして、ママたちは声をあげはじめています。人のいのちと尊厳を大切にする「ケアの倫理」が人びとの連帯を繋いでいるのです。タイトル「ケアがつなぐ連帯」には、こうした意味が込められています。

本書は、「シンママが主人公の本」をコンセプトに編まれました。シングルマザーの声に光をあてるため、プロローグでは、当事者の声を社会に届けるために日弁連の大会に登壇した濱田恵美さんの発言を収録しました。第1章では、シンママ大阪応援団、熊本応援団につながったシングルマザーの座談会を収録しています。第2章では、シンママ大阪応援団代表の寺内さん、シンママ熊本応援団の増淵千保美さんから、それぞれの活動が当事者の声とともに創られてきたことを語ってもらいました。第3章では、シンママ応援団（大阪・熊本・福岡）が実施したアンケートからシングルマザーの暮らしの実態、シングルマザーが望んでいることを明らかにし、第4章では、研究者の立場で加美嘉史さん（シンママ大阪応援団理事）、増淵さんから、政策と支援に対して提言を行っています。

表紙の絵は、シンママ応援団のサポートを利用する大学生のいるかいるかさんが担当されました。サポート品を箱に詰める時のママの優しさがこの絵から伝わってきます。ママが主人公のこの本にふさわしい、素敵な絵を寄せていただきました。ありがとうございました。

最後に、これまでシンママ応援団のアンケート調査にご協力いただいたみなさま、座談会にご参加いただいたママたち、みなさまのおかげをもちまして、本書を出版することができました。心よりお礼申し上げます。誰もが尊厳を脅かされず、安心して生きていけるような社会を目指して、この本をみなさまに捧げます。

２０２４年10月　砂脇　恵

プロローグ　当事者が声をあげる

シンママ大阪応援団がシングルマザーに向けて編んだ本、『シングルマザーをひとりぼっちにしないために～ママたちが本当にやってほしいこと』が出版されたのが２０１７年。図書館でこの本と出会ったことをきっかけに、シンママ大阪応援団に繋がった一人のシングルマザーがいます。濱田恵美さんです。ＤＶ避難後の最も苦しかった時期を乗り越えて８年が経った現在、濱田さんはシンママ大阪応援団のリーダー的存在としてママによるママのためのサポートづくりを担って下さっています。

それだけではありません。苛烈なＤＶから生き抜き子どもを育ててきた女性当事者の立場から、ひとり親世帯の暮らしの実状を社会に伝え、課題解決に向けて提言するアクションを起こしています。

　この本を開いてくださったシングルマザーのみなさんへ。

あなたはひとりではありません。同じよ

うな経験をした仲間がここにいます。


大阪在住のシングルマザー、濱田恵美です。

元夫からは、最初から暴力で支配されていました。

「私さえ我慢すれば大丈夫」と、誰にも相談しませんでした。

身体的、社会的、精神的、経済的、性的、そして、こどもを使うというすべての暴力を25年間受けていました。

7年前に緊急一時保護となりました。

4人のこどもがいますが上3人は社会人となり、現在は小学生の娘と2人で暮らしています。

元夫は、毎日パチンコというギャンブル依存だったと思います。

私は15歳から働きました。元夫は働かず、稼いだお金はすべて取り上げられました。パチンコに負けると激しい暴力、「余計なことをすると家族に危害を加える」と常に脅されていて、逃げることはできませんでした。

この状況を何とかしなければと考えて…思いついたのが「この人、子どもができたら変わるのでは?」でした。

ストレスのせいなのか、それまで妊娠はしませんでした。

「子どもができるように病院で診てもらうわ」と話すと少し暴力が治まり、仕事を探しはじめたので、「成功だ！」と思いました。

17歳で長男を出産します。

ところが、半年もすると仕事を辞め、またパチンコと暴力の日々。妊娠すると仕事をし始め暴力が少し治まる。この繰り返しで子どもが4人となりました。

頻繁に5万、10万、30万と要求してきます、私は必死で働きました。渡すと機嫌がよくなり、渡せなければ、借りてこいと言われます。借金と暴力の毎日、2度、自己破産しました。

何度も死ぬことを考えました。

「お前が死んだら、子どもとかお前の親兄弟がどうなるかわかってるやろな」と常に言われており、この言葉から、死ぬこともできないんだなと思っていました。

とにかく必死で働き一日を消化。朝が来ると、また一日が始まるのかと憎みました。

7年前の夏、夜中から朝まで殴られて、初めて顔にあざができました。手の指も数本骨折し動かなくなりました。

元夫が眠ったすきに一番下の子どもだけを連れて家を出、無意識で向かった先は職場。気づけば上司の前でした。

その上司の通報で緊急一時保護となり、元夫は逮捕されました。

仕事は保護と同時に退職。所持金はわずか、借金は多額という状況でした。

ホッとするも、シェルターから「ここには2週間しかいられません」と言われました。

自力で見つけた府外の母子生活支援施設に入所しました。

こんな状況なのに月額5万円の国民健康保険の納付書が届き、施設の利用料は月額2万円。

借金返済の事もあり施設からは生活保護をすすめられました。

窓口では、「来月最後のお給料が入るんでしょ、それまではカードで生活したら?それと自己破産したらどうですか」と冷たく言われました。子どもがいて、今所持金がゼロなのに。

私自身そうなっても仕方ないとは思っていました。

でもなぜだかそんな感じで言われると反抗的になってしまい、「自分でなんとかしてやる!」と窓口を後にしました。

なんともならないのに。

悔しいですが、カードと失業給付で笑うことも忘れてなんとかつなぎました。

半年後にやっと就職。

2年後には自分で借りた家での生活も始めました。

ところが今度はコロナで仕事を失いました。

年齢的な事や、娘の小学校入学も重り、再就職ではなくパート。

また生活に困りました。

再度生活保護を考えるも、拒否感が強くありました。

なぜなら、すすめてきた父でさえ、テレビで「生活保護を受けずに頑張っています」というのを見て「えらい!!」と大きな声で言うのです。

生活保護を受けると孤独になる気がしました。孤独は金銭的な事よりも恐ろしいと思っています。

高校3年生だった息子が私に言ってきました。

「おかん、お願いや、生活保護を受けて欲しい。疲れてるおかんの姿を見るのがつらい。高校卒業したら家を出て働く。でも多分、自分の生活でせいいっぱいやから助けられへん。生活保護を受けてくれたら、安心できる」

進学しないということ、そして息子を不安にさせていたという二重のショックでした。

息子には夢があり、その為にも進学させてあげたい。

だからこそお金のことを気にしないようにとしていたつもりだったからです。

息子の言葉から、繋がっていたシンママ大阪応援団に相談。

同行支援を依頼し生活保護申請しました。

正直なところ、ＤＶから保護してもらえても生きる気力はありませんでした。

子どもを育てなければと、ただそれだけでした。

当時、まだ幼い娘が情緒不安定で、その為に仕事を休まなければいけないことがありました。

非正規雇用だと、フルで働いても苦しい生活。休んでいる場合ではなかったです。

ついつい口から出てくるのは「また病院行かなあかん」「また仕事休まなあかん」

もしかすると、こういった言葉も娘が不安定になる原因だったかもしれません。

生活保護を受けることにより、仕事を休んだとしても毎月の使えるお金は安定しました。

娘が心細い時はそばにいてあげることができました。体長を崩したとき、ひどくなる前に受診することができました。初めて最後まで歯医者さんへ通うことができ、定期健診という予防までできています。


必然的に、私に笑顔が増えました。

驚くことに、娘が精神的に安定していき、私も安定。

生きる力があふれ出てくるようになりました。

そして今年、正規雇用となり生活保護から卒業しました。

ここまで来ることができたのは、生活保護のおかげだと思います。とても感謝しています。

今、私は「なんでも相談会」や「シンママ大阪応援団」で活動しています。

もしかしたら、受けられる制度があるのに、過去の私のように受け入れられない人がいるかもしれない、でも私は、そんな人の気持ちに寄り添えるかもしれないと思うからです。

生活保護は良い制度だと思います。必要な方には利用を勧めたいです。

私が実際に受け取っていた保護費は月に数千円、休みが増えると月に2－3万円でした。月の手取りが変わらないという経済的安定は、食べること、寝ること、医療を受けることを心配することなくでき、また、子どもの心に寄り添うことができました。

もし生活費にびくびくしていたなら、子どもにひどい言葉を投げつけたり、自分がストレスをためたりで、仕事も子育てもうまくいかない悪循環になっていたと思います。

1か月だけという短期間や、働きながらなど、いろんな受給の形があります。

生活保護を活用することは再出発への近道になると思います。

一方で、生活に困っても生活保護だけはいやという言葉を本当に多く聞きます。条件や制限もあると思いますが、生活保護に対する批判の声も大きな原因の一つだと思います。

生活保護についての正しい情報を伝え、必要な人が利用しやすい環境となるよう願っています。

ご清聴、ありがとうございました。

（日本弁護士会連合会第66回人権擁護大会2024年10月3日）

〈もくじ〉 ケアがつなぐ連帯―シングルマザーの声が届く社会をめざして

2　シンママ大阪応援団編　59

第2章　応援団が大切にしていること

第3章　シングルマザーの暮らしの実態

砂脇　恵

第4章　シングルマザーと子どもたちが安心して暮らしていくために

第1章

シングルマザーの語り合い

本章では、シンママ熊本応援団、大阪応援団と繋がりをもつシングルマザーの座談会を収録します。ママたちとお菓子を囲みながら、日々の暮らしの苦労話、子どもに対する思いや悩み、社会のなかに生きる母として、女性としての思いなどを語り合っていただきました。DVからの避難と生活の立て直しをひとりで乗り越えなければならなかった苦しさ、周囲の人々からの偏見や傷つく支援を受けた経験、ワンオペで子どもをケアする大変さなど、同じ経験をした女性同士だからこそ語ることができる、聞くことができることがあります。周囲にはわかってもらえなかったこと、うまく言葉にできなかった思いを語るママに、「そうそう!」「一緒や!」「それ、おかしいよね!」と共感し合うママ同士のやりとりを通して、ママたちは「ひとりじゃない」という気持ちを一緒に温めていくような場となりました。それは、支援者や専門家には提供できない、仲間(ピア)同士の〈ケアの形〉です。

それでは、ママたちの声に耳を傾けていきましょう。

1　シンママ熊本応援団編

●メンバー紹介（仮名で表記しています）

・真田美幸さん　50代。正規職員（介護職）。3人の子どもを育て、1人は親から自立。現在、専門学校生と小学生（低学年）を育てる。
・松尾尚美さん　30代。正規職員（現在、精神的不調により、傷病休業中）。3歳の子どもを育てる。
・春木沙織さん　30代。パート（介護職）。小学生（低学年）と幼児（年長）の障がいのある子どもを育てる。
・桜井浩子さん　30代。病気のため働いていない。生活保護を利用している。小学生（高学年）の子どもを育てている。

【凡例】
〔　〕内は、編集者による補足、（丸カッコ斜体）は、ママ達の合いの手やリアクション、――は、聴き手：増淵千保美（シンママ熊本応援団代表、尚絅大学短期大学部教員）、砂脇恵（シンママ大阪応援団理事、龍谷大学教員）

●シンママ熊本応援団に繋がった経緯

――増淵千保美　自己紹介がてら、シンママ応援団に繋がったところからちょっとお話をしてもらえたら。

真田美幸　真田です。〔シングルになったのは〕長男が生まれてすぐだったから18年くらい前なのかなと思います。私の来た道は、まちがいではなかったなって思っています。シンママ応援団と繋がったのは、長男が皮膚科に行って、会計を待っているときに、2人で待合室のテレビをぼーっと見ていたら、シンママ応援団が出てきたんですよね。こういった活動をされている人がいます、みたいな感じで。それを子どもと見てて、「ああ、こういうのあるんだーって、入ってみたいね」っていうのを子どもと話してて。そのあと、検索したらシンママ応援団が出てきたので、メールで連絡して、シンママ応援団に入れてもらいました。

シンママ応援団に入ろうかと思っている時に、私、病気したんですよね。乳がんになって、すごい不安な時があったんですけど、シンママの中にも乳がんになった人がいるから、その人といろいろ話して、最初は楽になるんじゃないかって考えて、手術の後に落ち着いてから、シンママ応援団の集まりに行くようにしたんですけど、そこで同じように乳がんになって、同じように手術した仲間の人と仲良くなって、そこでいろいろ情報共有したりして、精神的にも楽になりました。いいご縁があってよかったなと思いました。

松尾尚美　私は、離婚する少し前からG町に住み出して。地震で被災して、被災した後に家を解いて、その後、団地におじいちゃんが入っていて病気だったので、父が看病するということで一緒に住んでたんです。里帰り出産したんですけど、夫、元夫がDV気味な感じで、里帰り出産した後に、早く帰ってこいと言われて…。すごい怒られてて、電話とかでね。早く帰ってこいと言われてたんですけど、冷蔵庫もないような家で、すごい貧乏な人だったんですよね、旦那さんが。

私は栄養士の仕事をしてるんですけど、冷蔵庫もない家で、料理が好きだし、さすがにちっちゃいミニ冷蔵庫みたいなのがあったんですけど、それもなくて、そういうのも買い揃えてないし、DVっぽいから帰りたくなくて。「早く帰ってこい、俺は幸せな時期に、なんでこんな一人で不幸な思いをしないといけないんだ」みたいな感じで、すごい怒鳴られたりとか電話でされて。

そういう状況だったので、これは離婚するしかないと思って、離婚調停に持ち込もうと思って、書類とかを送ったら、結構すんなり離婚してくれたんですけど…。で、実家は知られてたんで、おじいちゃんのところに住むことになって、G町の方で生活することになりました。

G町で移り住んで、仕事はしてなくて、おじいちゃんにお世話になりながら生活したんですけど、その時に何かのイベントで知り合ったNPO法人の方から、こういうのがあるよというふうに聞いて…。でも、なんか支援を受けるとかっていうのは、おじいちゃんから養ってもらっている身分だし、そんなに困ってないからいいやって思って、あんまり連絡はしなかったんですよね。先に母子会の方に行ったんですけど、母子会のほうも結構いろいろなものをいただけたりとか、結構お話聞いてもらえたりしてありがたいなって思ってて…。

で、その後にすぐにシンママ応援団に参加するようになって、ありがたいなと思いながらも、子どもがまだちっちゃかったし、発送作業[(1)]とかも参加するのがじゃまになるので申し訳なさすぎて、あんまり仕事にならなくて、あんまり来てなかったんですけど、最近子どもがちょっと大きくなってきて、私だけじゃなくて子どもにとっても居場所に、すごく楽しんでくれる居場所があって、ありがたいなと思っているんです。母とか祖父が亡くなったので、最近とか1年前と2年前ですね。なので、あの子にとっては私と、私の父親とおじいちゃんぐらいしか近くにいる家族というのもいないので…。私自身もママ友とか全然いないしですね。新しい土地での生活だったので、近所にも知っている人というのが全然いなくて、ここがなんかすごく娘にとってもいい場所になっていて…。最近ちょっと頻繁に来させていただいて、なんかすみません。ありがとうございます。

(1) シンママ熊本応援団がサポート世帯に食料品・日用品などを毎月宅配する「しあわせボックス」の発送作業のこと。詳しくは第2章第2節参照

春木沙織　春木です。４年程前に離婚をしました。シンママ応援団というのをネットで見て気にはなっていましたが…。結構、私は携帯が不慣れで、もし詐欺にかかったらどうしようって思ってしまって…。最近は詐欺問題もあるので、不安でした。半年くらい待って、気になって一度、シンママ応援団へ連絡させていただいてつながりました。
　うちの子２人とも障がいがあって、私も精神的にもメンタル的にも仕事のストレスで悩んでいて、それも先生方にご相談させてもらっていて…。シンママ応援団がなかったら多分、シングルマザーという自体、あまり知られていない様で。

ママたち　そうね…、あるねー。

春木　身内の弟が結婚しているんです。そちらのお嫁さんのお父さんからもあんまりいい顔されてなくて…。田舎だったらシングルマザーでもそうでもない。こっちは結構厳しいでしょ？って話は聞いてて…。同じシングルの方とは話はできなくて。いろいろな情報も聞いて、みんな手繰り合いで。

桜井浩子　〔シンママ応援団が〕できた頃から入っていて、最初から。〔入る前は〕地震で家と仕事をなくしてしまって、避難所生活をしていて…。地震で出た家に入ろうとしても入れなくなってしまって。〔子どもを〕保育園に預けられなくて、でも家の片付けもできない。なので仕事もそれでできなくなって…。その時に出勤が決まって、そしたら同じ保育園の知り合いを介して知り合った方が。公民館で夜ご飯、夜の時間帯に鍋したりお好み焼きしたり、結構集まって、イベントがあってそちらに行ってて、その後、シンママ（応援団）ができましたよとお聞きしました。

――増淵　ここからは、ざっくばらんに話していってもらえたらと思います。さっきシングルになった頃のお話をしてくれたりとか、あと、お子さんのことで悩んでいるとか、あと、自分自身の病気のこととか体のこととかね、いろいろ出てきたんですけど、お話できる範囲で、シングルになった頃の苦しかったことを振り返ってもらったりとか、「シングル」っていうことに対する偏見みたいなね、こととか。あとは、なんとなく、「あなたお母さんでしょ」っていうプレッシャーみたいなこととか。なんでもいいので感じていることを教えていただけたら。

●誰も頼れる人がいないというのがきつかった

松尾　病気したときに仕事を失うことができない状況があるから…。病気したときとか、辞めたいと思ったときに、なかなか辞められない。私も結構転職歴が多いんですけど、シングルになって就いた時の仕事を絶対辞めてはいけないっていうプレッシャーが…。どんな状況でも辞められない、5年間くらいは最低でも続けると思っていた職場で、みんな続々辞めていったんですよね、同じ課の人たちが。で、もう会社みたいな感じになって、厨房が委託化されたんです。

常勤の病院から雇われている栄養士の人、直営では3人くらいしかもう残らなくて、ほぼほぼ入れ替えている状況の中、なかなか辞められないし、辞めようと思っても転職する気力もなく、それがちょっときつかったですね。まぁでも、幸い、その、うつ病という診断があって、傷病手当をもらえたりしたので、なんとか生活はできるんですけど…。んー、もうちょっと蓄えとけばよかったなとか、いろいろ考えたり、後悔ばっかりしていて、ここ数ヶ月が結構人生の中できつくて…。

そういう時に支えてくれる人っていうのはいない、ほぼ。父が近くにいてくれるんですけど、仕事を辞めたら、「あんたが辞めたってお父さんはサポートせんけんね」って言って…。結構きつくて、本当にきつかった時にその言葉はちょっとグサッときたし、今までの私の、なんだろう…、私の状況というか、やってきたことが父は気に食わないことも多分いっぱいあったと思うので、そういうふうに言ってきたんだと思うんですけど、やっぱちょっと、誰も頼れる人がいないというのがきつかった中、シンママ〔応援団〕の「幸せ会」では、すごい、そういうのなしに、いろいろお付き合いができたから…。

別に悩みを言うとかじゃなかったんですけど、すごくいい雰囲気で受け入れてくださる感じがですね、なかなかやっぱり、さっき言われたように、シングルって他の保育園のお母さんたちにも言ったりとかわざわざしないし、父親がいるのが当たり前というようななかで、子どもには申し訳ないなって思いますね…。難しいなぁって。今から子どもが大きくなっていくなかで父親がいないということをどういうふうに説明したらいいのかなとか…。どうなんでしょうね、幼稚園は好きだけど、幼稚園のお母さんたちからは何か…。

●「ひとり親で大変ね」という偏見

春木　自宅の近くに同じ幼稚園のお子さん方がいて、先生から多分、役員さんに言ってるのかな?っていうのがあって。私に「ひとり親で大変ね。」って言われて、えっ?って思って。そういうことが何回かあって。あぁ、知ってるんだねと思って。まぁ、私の母の職場のスタッフもシングルの人が数名いると聞いていたので、子育て、家事のことも聞く機会がありました。シンママ(応援団)に来るようになってから、いま、みんないるから、私だけじゃないんだと思ってたけど、やっぱ幼稚園のお母さんたちは、結構そういうのは厳しい方かと思います。やっぱ幼稚園だからですかね。保育園も離婚している人はあまりいないと思うんですけど、幼稚園だと、やっぱり裕福な人がいるというイメージがなかなか…。

真田　保育園の先生が他の保護者にうちがひとり親という事を話していたようで。保育園でお友達を噛んだりとかした時期があって。保育園に通っている子のおばあちゃんだったんですけど、おばあちゃんが送り迎えしてて、私が言われたのは、「お母さん大変でしょう」って。それがちょっと嫌だったんですね。「お母さん大変ですね、いつでもうちに預けていいからね」みたいな感じで、心のなかでは余計なお世話だよなあと思いながら、ありがとうございますーって言って。

桜井　保育園が私の弟が通っていた保育園の園長先生の奥さんが弟の担任で、息子の時は保育主任されていて、なんかすごい親身になってくれる先生だったんで、楽しかったです。でも子どもがやっぱり気にしてました。友達から「なんでお父さんがいないの？」とか言われたとか…。はい、それがちょっと嫌だったと言ったことはあった。

――**増淵**　もう父親とは会ってはなかったの？

桜井　その後、事故をしたときに、子どもが勝手に私の携帯からお父さんに連絡してて、こういう状況で、車もなくなっていたのを電話したみたいで。それで父子2人で会うことになったんですけど。離婚してくれてよかったって、一緒に住んでなくてよかったって言ってくれた。

――**増淵**　すごいね、自分で電話してね

桜井　「困ってる」って。年少ぐらいの時に。

――**増淵**　離婚したこととか聞かれるの？

春木　聞かれます。「なんで離婚したの？」って。同じ校区でうちの子ども達と同じ学年のお子さんがいらっしゃって一度、ママ数名でご飯行く機会があって。「なんで離婚したの？いつから一緒に住んでいなかったの？」とか、「私がそうなったらどうしよう？」とか〔子どもの〕

目の前で言われてたり、職場でも言われるんですよ。

――**増淵**　お母さんから？

春木　ママ同士みたいな。私はそのお母さんたちも療育に子どもさんを通わせていたから、ちょっといろいろ仲良くなれたらいいなと思って行ったら、そう言われるし、今の職場でも結構言われますね。

――**砂脇**　療育に来てはるママさんとかだったら、割と専業主婦の方が多い？

春木　専業主婦の方が多いですね。私の知っている人はですね。

――**砂脇**　職場でもそんな言われ方で…。

春木　今の職場で働いているのですが、私とあわせて3名バツイチの方がいまして、その2人はお子さんいらっしゃらなくて。私は子育て中でシングルで…。で、聞かれますよね。

――**砂脇**　田舎やったらまだ緩やかやけど、都会やったら厳しいと言われて…。

春木　それを弟のお嫁さんのお父さんから言われて、え、そうなんだと思って。下の子幼稚園に通わせているから、そういうふうに、いびり元々あったんですけど、当たり前のようにお父さん、お母さん両方いるほうからしたら、そう見られてるんかなって。

下の子が、なんていうのかな、パパの存在をあまり知らない状態で離婚してて、初めて、離婚後、2ヶ月後に面会した時は、下の子はもう泣いてたんですよ。元々、男の人を怖がっていました。

で、それから、半年ぐらい経ってからやっと、お兄ちゃんが「パパ」って言うようになってから、下の子も「パパ」って言うようになってきて、それで分かって。最近、幼稚園ではやっぱり、お友達同士で遊んでいるときにパパ、ママの話になっている、とか。パパ、ママがいるところをスーパーとかで見かけると、〔子どもは〕やっぱり目で追っちゃう。パパが欲しい。申し訳ないんですけど。

●元夫の突然の来訪が怖い

春木　あと、面会は今まで月に1回じゃなくて、知らない間に何度か来ることがあって、子どもの幼稚園にいきなり見に来たり。いつやったかな、朝からインターホンが鳴って。その時間帯がバタバタする7時半過ぎの時間帯。お兄ちゃんが学校に行く時間だったんですよ。下の子の幼稚園の準備をしている時に。面会じゃないのにと思って、いろいろ話をしても怖いからと思って、実家の親が近くにいるから電話をして、警察を呼ぼうかなとも思ったんよ。

それでも、玄関ドアの目の前に一時おって、その後に駐車場。私の車がすぐ近くに停めていて、車の隣に車を置いて待ってて、それでもずっと待ち伏せされてました。20分くらい経ったら、奥に隠れていて、元夫に「ほんと遅刻するから」と伝えて。ぱって出て行って、子ども抱っこして、「もう時間ないからもう無理です、面会無理です」と伝えて、慌てて乗せて行きました。

あとでＬＩＮＥをしたら、「車が壊れたから、子どもたちに会いに来ました。」と言われて…。今でも自分の調子がいい時だけ来られている感じがありました。ガソリンスタンドでガソリンを入れている時に車が壊れたから、車のお店が開くまで待つために子どもに会いに来ましたと。結構そういうのが連絡なしで来るから困ります。

——**増淵**　ちょっと常識から外れてますね、いくらなんでもね、朝のすごい忙しい時にね。

春木　怖くて。

——**増淵**　突然来られるとドキッとしますよねぇ。そういう時、子どもの反応ってどうなんですか。

春木　お兄ちゃんも部屋に行って、下の子を抱っこして、助手席に車に乗せたら、びっくりして、泣こうという感じがあったんです。で、夕方お迎えに行ったときに、「何でパパが来たの？」と言って、私はそのときも分からなくて、その日の夜に、「何で来たんですか？」とメールを送って。そしたら車が壊れた件を言われて。「面会するときは、こちらに来るときは、ちゃんと連絡を入れてから来てください。」て言ったら「はい。すみません」ってきたんですけど。結構、何度もいままであって。「じゃあ次警察呼びますよ」ってメールしたら、「何でですか」って。結構いまだに…。

——**増淵**　面会の約束というか、面会の取り決めとかは、弁護士と相談したりして…。

春木　公正証書をネットをみて、手書きで書いてたんですよ。それを相手に見せて、印鑑押して下さいっていったら、そんなん知らないって言われて…。面会月1回っていうのを向こうが言ってたんですけど、結局自分がいい時だけ来る。

子どもが、この間お散歩中に足をくじいたみたいで捻挫して。その後に〔元夫から〕面会合わせてくださいとメールが来たから、まあ、月1回だったし、と思って。それで、今、下の子どもが、この状況なので、目を離さないでください、下の子は特に危ないから目を離さないでくださいって伝えたんですよ。その後にメールが来て、すみませんって。結構子ども2人が買い物に行ったらはしゃいじゃう。で、下の子は赤信号でもたまに行っちゃうことある。お兄ちゃんもたまに行っちゃうことあるから。それでも結構メンタル的に疲れてて、私は。で、すみませんって一応は伝えて。じゃあ、あなたも見といてくださいねって言ってるんですけど、向こうは向こうで、面会で毎回のように下の子はやっぱり怪我して帰ってくる。

足捻挫して、2週間くらい、先日まで幼稚園に行ってなくて。今一応、病院には定期的に通っているんですよね。

――増淵　その間は、ちょっと面会もできませんよ、ということで。

春木　本当はそう言いたかったんだけど、ずぅっと連絡して、電話もくる。子どもたちが熱があっても、会わせてくれ、みたいな感じなんです、向こうからしたら。風邪ひいてます、コロナかもしれないとか、いろいろメールしても。向こうの実家にも行ってないし、向こうの親たちも会いたいって言ってるから…。でもそれは俺は言ってないとか、そういう話も結構なってて。

――増淵 気をつけてくださいって向こうが言うの？

春木 向こうが言うんです。子どもが車に乗ってて、チャイルドシートのベルト外しちゃうんですよね。ドンと落ちたと思い、お兄ちゃんがこけたっていうのも教えてくれて。帰ってきた時、ケガが結構、血だらけ帰ってくることがあり、何これは?って言ったら、公園でこけたんだよってお兄ちゃんが教えてくれたり。本人に聞いたら、言うの忘れてました、って結構あるし。

――増淵 でも、向こうからは、今日は怪我させちゃったんですよね、っていう連絡とかはない。

春木 ない。

●何でもあげれば喜ぶってわけじゃない

――増淵 本当に心配になりますよね。あと、お母さんも大変だから、うちに来ていいよ、とかね、向こうは良かれと思ってね、言ってるんだけど、そういうのが逆にズレてない?とかね。例えば行政機関とか、他の市民団体とかも、うちもそうだけどね、いろんなところで、逆にちょっと傷つけられたな、このシーンはみたいな。そういう経験とかってあります？個人的なものでもいいです。

松尾　行政とか全然、団体とかの支援じゃないんですけどね。なんかちょっと、シンママといったら、すごい貧乏なイメージがあるのか、賞味期限切れの、たくさんくださったんですけど、ひどいものはですね、2年前の賞味期限切れ、そういうのをくれて。賞味期限1カ月くらいだったら食品によってはまだ私も大丈夫かなって思うんですけど、さすがに2年前のお米のパックとかいただいたときはちょっとびっくりしました。でもちょっとだったら本当に全然大丈夫だし、なんかありますもんね、今、賞味期限切れのＵＦＯキャッチャーみたいな。あれ安くて、安くて。

――**増渕**　どこで配っているんですか。

松尾　それは個人的な友人、友達なんですけど…。ただ自宅をきれいにしたいがためにくれてるみたいな感じの。貧乏なイメージがあるんですかね。何でもあげれば喜ぶって思わせれるという。そうでもないんです。

――**砂脇**　シンママ大阪応援団でも、賞味期限切れとか使い古しのものとか、全部捨てて。それを送ると、ママさんは傷つくから。代表の寺内さんは、もう、こういうの送ってこないでくださいって、ずっと言ってはったので、だいぶ減ったそうです。善意のつもりってことかもしれないですが…。

松尾　そうですよね。捨てるのもお金かかるし、時間もかかるからですね。今、ふと思い返して。

●子育てが間違っていると責められる辛さ

――増淵　気持ちが重くなったできごととか、あります？

桜井　学校の先生とかに、私が仕事をしていないから、子どもが不登校になったとか。教頭先生に言われたりとかして。（えぇー!?）

――増淵　私はいまこういう状況なんです、とか伝えたりするんですか。

桜井　一応その時は。私が内職をしてたんですけど、それで〔子どもに〕ストレス与えてしまって、病院の先生からしばらく仕事は…って言われたので、その時はそう伝えましたけど、なんか、仕事行ったら〔学校に〕行けるようになるよ、みたいな感じのこと言われました。（きついなあー。ため息交じり）

――増淵　学校として、こんな手立てをしてますとか、そういうのは…

桜井　ない、ないです。

――増淵　お母さんにね、責任負わすってねえ…。「あなた母親でしょ？」って目線で言われたり、そういうことってある？　あなた母親なんだからもうちょっと頑張らないと、みたいなね、励まして言ってるのかもしんないけど、あなた母親でしょ？みたいな…

桜井　昔、役場にいった時。福祉課、暮らしの窓口で「何でも相談してください」っていうのに行った時に。

――**増渕**　どういうふうに言われたの？

桜井　よく言われるっていうか。今もなんですけど…。この間は…、なんか…、「子育てが間違ってる」とか…、言われて…。（えぇー！）

――**増渕**　相談窓口の人が？

桜井　だから相談に行くのがきつかったです。あと、「私たちに相談されても…」みたいな言い方されたりとか。（はあぁ？ため息まじり）

桜井　でも、議員さんとか連れて一緒に行くと、手のひら返したようになんか頭下げてこられたり。態度変えられて何回も…。今、生活保護受けてるんですけど、その時も全然申請しても受け取ってくれなくて…。で、議員さんが、町議員さん連れて行くと、すぐ、いいですよ、いいですよ、みたいになるので、全然態度が違うくって…。なかなか行政とかにも…、ちょっと相談するのがつらくて…。

今ちょっと家のことですごい悩んでて。あぁ、今ちょっと精神がつらくて、ご飯も作れなくて、息子が全部してくれてて…。夜も全然寝れてなかったから。息子に申し訳ない…。なんか家にいるのも最近怖くて。

――**増渕**　一番の今の心配事っていうのは。

桜井　家にいるのが恐怖を感じてて。自治会長さんがあんまり良くない人で。2年前くらいからちょっといじめっていうか、ひどい対応されて。そこから精神科通ってるんですけど、全然良くならなくて。息子もその人の対応に怖い思いをして、病院でＰＴＳＤって言われて、夜が寝れていないのもそれが原因ですと言われて…。息子も全然睡眠があんまり。その人の顔を見たりした後、思い出して、夜が怖い、寝るのが怖いと言って、泣いたりもあって、どうしたらいいのかな…。引っ越すにもお金がないし…。自治会長さん、民生委員さんなんですけど、全然理解してくれなくて…。

今は、なんか、今月から、掃除の出なかったときの罰金がたまって５０００円になってしまって。でもそんなに支払いしたら生活費が足りないと思って、役場とかに相談しに行ったんです。…はい、全然ダメで…。

――**増淵**　あれ？病気の人とか、免除してもらえるっていうのはあるよね。

桜井　それで知り合いに相談して、精神障害の手帳を持っているから、そのコピーと一緒に〔掃除に〕出れませんと出したんですけど、認めないと言われました。（ひどいねぇ…。）

桜井　息子も怖がってて。電気つけて大丈夫かなとか、夜暗くならないと帰りたくないって。毎月、掃除の日になるとお腹が痛い…。〔掃除の日は〕朝７時からあるので、５時半とか、早くから家を出て、電車乗って離れたりとかして。

――**増淵**　母子生活支援施設とかだったら、まあいろんな、まあ普通にアパートみたいなね、マンションみたいなね、それぞれ独立したお家なんだけど、一応、職員さんがね、事務室があって、そういうところの方がいいかな?。何かがあっても、必ず間に入ってくれる人がいらっしゃる。そういうのを頼まれたりは…。

桜井　担当の人が、母子会の会長さんでおるんです。たまたまお会いして一緒に行こうかっては言われたんです。2カ所あるけど、詳しくは言われなくて、わからないです。わからないですね。また担当とかも変わるから、またイチから話してってなる。きついかな。病院が遠くなるというのを気にしてて、市内になると乗り継いでとかになるから、それが一番…。

●住まい契約の壁、保育の壁、仕事の壁

真田　離婚をしようと思った時に、住むところを探していたんですけど、仕事をしていない状態だったので、そしたら不動産屋さんに断られたんですよ。で、なんとか住むところを見つけて契約して…。そしたら今度は保育園に。保育園は仕事をしていない人は預けられないって言われたんです。そして仕事を見つけないとって仕事を考えると、子どもをちゃんと預けていない人は雇えない。で、それが一番大変だった。知り合いの経営されている方が、じゃあうちで仕事をしているように書いてあげるからとなって、それで保育園は入れてもらえた。で保育園が決まったら、預け先ができたので、それでなんとか仕事が決まって。

――増渕　保育制度が現状に対応してくれてたらね…。民間のアパートとか、保証人の問題とかも厳しいですよね。収入もそうだし。

真田　住むところが決まって、うち3階だったんですけど、子どもたち、すごい元気だったんです。そしたらすぐ2階の人が文句を言って、うるさいと。ひどいときは1日に何回も来られて、すごいもう、ストレスで。そのときにニュースでやっていたのが、こういうご近所トラブルがかなり大変で、そういうの見てて、私ももうこのまま行ったらこんな感じになるんじゃないかと、すごい不安な気がしたんですけど。

で、いつものように子どもがバタバタバタとしたら、ピンポンって、うるさいっておばちゃんに言われて、すみませんって謝りに行ったら、その時、長女が泣きながら、おばちゃんに「ママをいじめないでー」って言ってくれて。でも、それから下のおばちゃん、止みました。ああいうところで子どもが暮らすの大変だなって。うち以外、いなかったんです。みんな大人ばっかりで。

――砂脇　物音も漏れやすかったんですか？

真田　そうだったと思います。私、3階建ての3階だったから、ドタバタとか上の音はなかったんですけど、2階の人は上からドタバタってしてて、上から白いのが落ちてくるっていう。

松尾　アスベストのなんか粉が。昔、うちも市内の方の団地がそうだったんですけど。

●子どもにいろんな習いごとをさせたい

――増淵　子どものこととか、なにかある？悩みは尽きないよね？次から次から出てくるもんねぇ…。

真田　やんちゃなんですよね。ほんと、目離すと何するかわからなくて。この前ご飯食べてたら、「ママ、車のガラスって高いの？」っていうので、なんで？って聞くと、車のガラス割ってしまったかもしれないって。お隣の人の車のフロントガラスが割れてて…。ああ〜！って。

――砂脇　ちゃんと言うんですね、隠さず。

真田　はい、ちゃんと言います。隠さず。その前は、家の洗面台のコンセントにピンセットを突っ込んで。（わぁー、感電とかしたら大変。しなくてよかった）

感電しなくてよかったんですけど、洗面台が焦げて修理代かかって。あと、勉強。宿題もやりたがらない。小学校入る前に平仮名を教えとけばよかったんだけど、平仮名からもう引っかかって、算数の問題も平仮名をあまり読めないから問題も解けなくて…。いろいろ体験させてあげたいけど、塾にも経済的にも無理だし習い事も〔難しい〕…。「体験格差」ときいて、ああ、なるほどと思って。収入によって子どもにかける金額が少ないと…。塾に行ったり習い事をすると、いろいろなことを体験させてあげられるけども、私は、収入がないし、塾にも通えないし、そういうので何か申し訳ないなって思ったりとかします。塾に通って、わからないこととか教えてもらったりとかできるんだけどなぁとか。この前、子どもがチラシを持ってきて、足が速くなる走り方を教えるっていう習い事が週に1回あるんです。で1ケ月間、受講料無料って書いてあったんですよ。で、「ママこれ無料らしいよー!」って言って。学校の前にチラシもらったって。でもよくよく見たら、1カ月間は無料だったんです。2カ月目から6800円って書いてあるんですよ、1回で。高い!と思ってそのままチラシ直して、無料なんだって言いながら、無料じゃないやーと思って直したんですよね。なんか、やりたいって言うのをさせてあげてたんですけど、なかなかそういうところが困りごとかなって思います。

長男が5歳の時から、YMCAでサッカーを習ってたんですけど、1年ぐらい普通に通ってたんですよ。そしたら、よーくYMCAのチラシとか見たら、下の方に小さく、どの家庭の子どもさんでも習い事ができるように、支払いが難しい方は、相談してくださいって小さく書いてあって。それでYMCAの人と相談して、受講料が半額になった。そういうのも、もうちょっとみんながわかるように書いてあったら、もっと早くから申し込んでたのに…。他のところも、塾とかも金額がもっと安くなれば、通わせてあげられるのになあ。

――**増淵**　家計に余裕があったらねぇ…。

松尾　〔子どもの習い事に〕お金が長いこと出させたらいいけどね。1個だけさせてるのがあるんですよ。新体操してて。小さいから安いんですけど、新体操に連れて来られてるお母さんたちの話を聞くとやっぱり、なんか、やっぱ格差を感じますね。同じ年齢の子がいて、その子のお母さんはスポーツをさせるために、スポーツが得意になる幼稚園にやらせて、いろんな習い事をさせてらっしゃるんですよね。お洋服とかもかわいいのを買ってらっしゃって、うちは全部もらいものだから、洋服代ほんとかかってなくて、なんか、いいなあーと思って。その子もそういう幼稚園に行っているから、恥ずかしがらずに入ったりするんです。うちの子もお金を払っているのに、恥ずかしがって、逃げてまわって、全然習い事に集中していない現状があって…。なんか格差を感じるというか。ねぇー。まあ元気なだけありがたいのかなと思って…。

真田　いろいろ行かせてあげられたら、これが一番合ったというのを見つけられるんですけど、何もさせてあげられないから、何が得意なのかもわからない。

桜井　結構お金がいります。プログラミング教室に行きたいとか、一時期ヴァイオリンをやりたいとか、いろんなことをやりたい。

●お金と時間があったらやりたいこと

――**砂脇**　アンケート〔本書第3章収録〕でも子ども優先で、ママさん我慢してるっていう回答が多くて。こんなことあったらいいのに、あんなことあったらいいのに、でも、そういうの贅沢かなと言わないでしまっているようなことを、ぜひお聞きできたらなと思って。

松尾　そうですねー、本当にお金があったらもう1人子どもが欲しいなって思いました。ちょっと、なかなか年齢的に言うことを聞いてくれなくて、なんかもう、疲れてたんですけど、最近成長がすごくて、なんか、面白いなと思って、自分の成長にもつながるし、子育てって。あの子がいてくれたから、今の私がというか、本当に生きていくのも嫌だった時期に来てくれたから、本当に感謝の気持ちしかなくてですね。幸せだなぁって、仕事で投資詐欺やつきあっていた人からお金をだましとられたりとかいろいろあって、すごいもう、病んでたんですけど、ずっと。死にたいというか、生きていきたくないみたいな、思ってたけど、でも、あの子がいてくれるから、頑張れるまではないけど、何とかやっていけてるよなぁと思うと。人生、悪くないのかなぁというふうに思います。そういう経験をさせてくれる子どもの存在がまたあったら。

でもやっぱりお金がないと、先ほど言われたように背景に格差とかも出てくるだろうから、もう子どもはできない、作らないだろうと思ってますし。でも、ご縁あっても、いいご縁はないと思うんですよね（笑）。いいパートナーが現れたらって思うけど、いないと思うので…。う～ん。お金があったらどうするかどうか。もうパートナーがいないから、なんともできないんですけど。でも、どこかにいるかもですね。

あとは運動する時間が欲しいですかね。そうですね、ずっとスポーツしてたんですけど、ジムとか行ったりして、気分が晴れないときに運動するとやっぱりストレス発散になるから…。今、お酒とか飲んだりしかなくてですね、体によくないなと思って。

——**増淵**　ついつい飲んじゃう？

松尾　飲んじゃいますね。ちょっと減らさないと…。母の家系はもう、みんな50代から70代前半で亡くなってしまっているので、ちょっともう、やばいんじゃないかなと思って、うん…。

桜井　資格は取りたいです。いまも自分に合う仕事って、まだよくわからなくて…。

——**増淵**　何か興味のあるものとか、自分の好きなこととか…。

桜井　私も料理は結構好きだなあ。

——**増淵**　子どもと一緒に作ったりすることもよくあったの？

桜井　そうですね、はい。（子どもがレシピを）携帯でこう、インスタとかで調べて、材料も米粉使ったりとか、材料もすごいこだわって作るから、そういうのを見て。

春木　なんか今年は怪我が多い。子どもたちの怪我が多くて。しょっちゅう病院で。私の仕事も1年は経ってるんですけど、慣れてないし、これから今の職場で続けるんだったら体力もない。皆さんが言われたような資格も取りたいかなというのもある。

——**増淵**　何か取りたいのってある？

春木　資格は事務系とか調剤事務みたいな。薬局屋さんの事務。体力がどうかなと。子育てしながら、体力も今の状態で続けられる仕事、私も転職、結構書ききれないです。でも今の仕事を辞めたら、やっぱり見つかるかなという不安もあるんですよね。

真田　私は離婚してだいぶん経ってるんですけど、養育費も全然もらってなくて、それでも頑張って仕事をして。

私は3人兄弟で、両親が一生懸命育ててくれて、そのせいかわからないけど、ずっと借家暮らしだったんです。なので、私は絶対自分の家が欲しいと思ってて、パートだったら難しいかなとか、ひとり親だったら家を建てるのも難しいかなとかいろいろ考えてたんですけど、3年前に病気したときをきっかけに、自分の好きなように生きたいなーと思って。そのとき団地に住んでいたんですけど、ストレスがかかるここの生活は嫌だと思って。もう冬は結露がすごいんですよ。でも、拭いても拭いてもカビるし、玄関の周りは水浸しになるし。もう絶対こんなとこずっといたくないと思って。

で、思い切ってお家を買いました。なので、なんかちょっと自分に自信がつきました。ひとり親で収入もあんまりないので、住宅ローンもあんまりいっぱい借りれなくて、だから頑張って子どもがちっちゃい時から貯めてきたお金を頭金に使って。今が一番幸せです。

なので、みなさんも全然自分が悪いとか、責めたりしないで、頑張ってやれば何でもできると思う。自分がやってきたことは絶対間違ってないって。子どもに恥ずかしいことは絶対しないでおこうって思って今までやってきました。病気はあるけれども、なるべく元気で、長く、今の家に暮らせるように、はい。

●シンママ応援団へひとこと

――**増淵**　最後に、こういうことは伝えておきたい、みたいなのがあったら、ぜひ。ちょっと、シンママ熊本応援団、こんなんしてよ、とかでもいいし、言っておきたいことがあったら、ぜひ一言。

松尾　いろいろ楽しいこととか、キャンプとか、お泊まり会だったりとか。いろいろ、自然散策して、そういう経験ができているので、子どもにとってもいいし、母親にとっても居場所があるのがすごくいいなーって。やっぱりきついときに支えてもらったところの一つの場所だから、もっと計画していただければと思います。クラウドファンディングとか?、なんかしたらいい。

桜井　なかなか息子がですね、ここは安心できる、ここは安心できないっていうのがやっぱ、あって。トイレも一人で行けなくて、家の中でもトイレ一緒に行かないと離れなくて、一人で行ってくれって言うと、泣いちゃうんですよ。最近はちょっと離れちゃったりするけど、一緒にいないと行動ができない人で、大学（シンママの活動拠点の一つ）に行くとどこにいるかわからなんくらいで。いつも帰り際いなくて探さないといけないの。いままで、シンママ（応援団）で旅行に行ったりとか、泊まりに行ったイベントをすごく覚えてて。「あの時は、楽しかったー。」とか「あの時行ってよかったね。」っていうのをずっと言ってくれていて、すごくありがたいなって思います。

――**増渕**　子どもたちの中にいるもんね。全然、ママと一緒になんかいないもんね。

真田　シンママ応援団に入ることで、生活の質が上がったと思います。同じ環境の方々とお話する事で、気持ちも楽になりました。先生方、ボランティアの皆様、本当にありがとうございます。

――**増渕**　すごく大事なことをいっぱい語っていただいて。同じ思いしているママたちのね、励みになるなあ。私もひとりじゃないなあって。今日のお話もね、なんか、掲載されたときにそう思ってもらえるんじゃないかなって。でも、私も元気いっぱいもらえました。ありがとうございました。

座談会を終えて
～ママたちが語った言葉の意味するものとは？

増淵　千保美

（1）「なんか…、子育てが間違ってるとか…、言われて…」

桜井浩子さんは、「学校の先生とかに、私が仕事をしていないから、子どもが不登校になった」と言われたり、役場に行った時、「なんか…、子育てが間違ってるとか…、言われて…」と涙ながらに話していました。病気のために仕事に行けず、住んでいる公営住宅では、近隣住民との人間関係がストレスとなり、子どもも怖がるようになりました。また、「ここは安心できる、ここは安心できないっていうのがやっぱ、あって」学校にも足が向きません。常に親子で過ごすことが多いのですが、なぜかシンママ熊本応援団の集まりでは、どこにいるのかわからないくらいママから離れて友達と遊んでいます。

（2）「シングルマザーという自体が、あまり良くない…というのがやっぱ、あるみたいで…」

春木沙織さんは、シングルマザーであることについて、他の保護者から心ない言葉を言われたり、障がいのある2人の子どもの子育てや仕事でも二重三重の差別を受けてきました。子どもたちは、「最近、幼稚園ではやっぱり、お友達同士でパパ、ママの話になっている」そうです。そして、「パパが欲しい」と子どもから言われると、「申し訳ないんですけど」と、沙織さんは思ってしまいます。しかし、子どもたちの父親は、面会日でもないのに突然、会いに来ることがあり、その度に沙織さんは、不安と恐怖に襲われるのです。

また、子どもに障がいがあるということは、経済的な負担も増えます。上の子の検査入院の時、障がいの特性から個室となり、自己負担金が一気に増えました。また、よく熱を出したり病気になりやすいので、子育てと仕事の両立も至難の業です。「子育てしながら、体力も今の状態で続けられる仕事、私も転職、結構書ききれないです。でも今の仕事を辞めたら、やっぱり見つかるかなという不安もある」と語ります。そんな毎日のくらしの中で、「シンママ（応援団）に来るようになってから、いま、みんないるから、私だけじゃないんだ」と思えたそうです。しかし、「シングルマザーという自体が、あまり良くない…というのがやっぱ、あるみたいで…」と、一歩世間に出ると差別の現実が突きつけられるのです。

（3）「本当にお金があったらもう一人子どもが欲しい」

松尾尚美さんさんは、パートから正規雇用になったものの、職場の同僚が次々と辞めていく中で、シングルマザーである自分は「どんな状況でも辞められない」というプレッシャーに押し潰されそうになっていました。その過酷な労働から解放されたのは、病気をきっかけにしてでした。しかし、傷病手当と子どもの手当だけの生活は苦しく、友人からの賞味期限切れの物資の提供や「あんたが辞めたってお父さんはサポートせんけんね」という身内からの言葉に、尊厳を傷つけられ強い孤立感に苛まれていました。「誰も頼れる人がいないというのがきつかった中、シンママ（応援団）の『幸せ会』では、すごい、そういうのなしに、いろいろお付き合いができたから…」と、彼女にとっては、「きついときに支えてもらったところの一つの場所」としてシンママ熊本応援団が位置づいているようです。応援団と出会った時は、赤ちゃんだった我が子も目覚ましく成長し、「死にたいというか、生きていきたくないみたいな、思ってたけど、でも、あの子がいてくれるから、頑張れるまではないけど、何とかやっていけてる」と思えるようになったのです。「本当にお金があったらもう一人子どもが欲しい」という言葉は、そんな生きる支えとなった我が子の存在から生まれた言葉なのでしょう。

(4)「自分がやってきたことは絶対間違ってない」「今が一番幸せです。」

真田美幸さんは、離婚時の自立の条件の乏しさ―住まい、仕事、保育園探しの苦労―や住環境のストレス、シングルマザーに対する同情に嫌悪しながら、養育費もない中で、収入を上げていくためにパートから正規就労に変わり頑張り続けてきました。その結果、過労とストレスによって大病を患うまでに至っています。しかし、それをきっかけに、「自分の好きなように生きたい」と決心した美幸さんは、幼少期からの夢であった自宅購入を実現しました。この経験から、「頑張ってやれば何でもできる」と自分に自信を持てるようになり、座談会でも他のママたちへの励ましの言葉として語っていました。ただ、住宅ローンや子どもの学費の捻出など、家計の遣り繰りはこれからも続きます。年の離れた末っ子に対しては、「いろいろ体験させてあげたいけど、塾にも経済的にも無理だし習い事も…」「何か申し訳ない」と語っていました。それでも、「自分がやってきたことは絶対間違ってない」「今が一番幸せ」と晴れ晴れと語る美幸さんでした。

(5) 4人の語りが意味するものとは？

4人のママたちの語り合いから、同じ子どもを育てる人々、同じ働く人々、同じ暮らしを営む人々との間に分断と差別が持ち込まれ、シングルマザー世帯は社会の中で孤立させられている現状が浮き彫りになりました。当事者たちは、それを肌で感じ取っています。シングルマザーに対する偏見や差別―大変、貧乏なイメージ、なんでもあげれば喜ぶと思われている―は、今もなお払しょくできていません。それを背負わされてきたママたちは、子どもに「申し訳ない」と語るのです。本当はママの責任ではないのに…。

加えて、仕事も家事も子育ても一人で行わなければならない。そのプレッシャーは体力面でも精神的な面でもすでにギリギリの状態にあり、それでもママたちは何とか踏ん張っているのです。そんな中で、子どもは「生きる支え」となり、ママたちは子どもに対して最大限の時間と労力を注いでいます。そのため、ママの余暇や休息の時間は皆無に等しく、お酒でストレスを解消するなど、手っ取り早い方法しか残されていません。

このような暮らしの背景には、大病を患ったり、精神的な病気になるような過酷な労働があります。また、ひとり親でも生活や子育てができる社会的な条件の乏しさ（住宅、仕事、保育園など）があるからです。今回参加してくれたママのうち3名が養育費をもらっていません。社会保障による所得保障の水準も見直さなければ、過酷な労働現場から退出することすらできません。さらに、学校や行政の窓口へ相談に行った時、職員にとっては助言・指導のつもりが、ママたちにとっては「心無い言葉」として傷つけられることもあるのです。そして、我が子が学習面でのつまずきを感じていても経済的な事情で塾に通わせられない、様々な体験や経験をさせてあげられないということも話題に上りました。この子どもたちにこそ、公教育の果たすべき役割と課題があるのではないでしょうか。

厳しい現実を生き抜くママたちにとって、「何も言わなくてもわかり合える仲間がいる」。それがシンママ熊本応援団のようです。ママや子どもたちの居場所であり、様々な体験や経験ができる場として、これからもシンママ熊本応援団を継続してほしいという声がありました。

そして、「シンママ応援団に入ることで生活の質が上がった」というママの言葉は、しあわせBOXや体験活動、交流会を通して、人間の尊厳を取り戻しているからこその言葉ではないかと思いました。人間存在の根幹に関わるものが奪われている現実に対して、これからも「シンママ熊本応援団」は尊厳を取り戻す拠り所でありたいと願っています。

2 シンママ大阪応援団編

●メンバー紹介（仮名で表記しています）

・濱田恵美さん　40代。４人の子どもをつれ、30代の頃にＤＶ避難する。上の３人は成人して独立。現在、小学校高学年の娘と二人暮らし。
・髙橋恵子さん　40代。ＤＶにより30代の頃に離婚、現在は高校生、中学生の２人と三人暮らし。
・南波むぎ子さん　50代。ＤＶにより30代の頃に別居、離婚調停を経て、現在は大学生の娘と二人暮らし。
・川瀬真理子さん　50代。ＤＶによりコロナ禍の時期に別居を経て離婚。大学生、高校生、中学生（双子）の４人を育てる。
・岩間りんさん　20代。九州地方出身。乳幼児２人、小学生（低学年）１人の３人の母。ＤＶから避難し生活を立て直すために来阪。現在、資格取得のための勉強に取り組んでいる。

【凡例】
丸括弧（　）：ママたちの合いの手やリアクション　〔　〕：編集者補足　——：聴き手（砂脇）

●何も聞かず、「お米いりますか〜？」

——みなさんがシンママ大阪応援団につながったいきさつとか、聞かせてください。

濱田恵美　7年近く前になるんですかね、緊急保護でシェルターに入って、三男が中学3年生やったんですけど、何もかもなくなってお金もない仕事もない家もなくなって、進学もあって、いろいろ困り果てているときに、A大学の本屋さんで〔シンママ大阪応援団編〕『シングルマザーをひとりぼっちにしないために』の本がこっち向いてて。（へぇ〜！）

表紙がこっち向くように本棚にあって、ちょうど目の高さの位置にあって。しかも「大阪」っていう文字が入ってるじゃないですか。すごい気になって手に取って、でもお金ないから買えなくて、諦めて…。その後すぐA大学の図書館に行ったら、普通に書棚に入って背表紙しか見えない状態だけど、すっと目に入って。借りて、読んで、すぐメールを送って繋がりました。シンママ大阪応援団に。8年前の8月に保護してもらって、9月に大阪府外に避難して、10、11、12、1、2、3、4、やっぱ半年ぐらい経ってからですね。

岩間りん　結構、緊張しちゃうんだけど…。りんです。ここに行き着いた経緯…。私は施設出身の子のアフターケアの支援団体の人の繋がりで来ました。大阪に寺内さんって人がいるよーってということで繋がりました。大阪には3カ月前ぐらいからで、先月に寺内さんと繋がりました。

——そっか、そっか。ようこそ大阪へ。

川瀬真理子　私は、あのー、5年前に家を出たんですけど、離婚してくれなくて児童扶養手当とか、ああいうの全然もらえなかったから、ずっと別居で「実質離婚」してるのに全然そういうのもらえないからどうしようかなと思って。いろんなところに行ったんですけど市役所とか。それでもなんかもう「無理です無理です」みたいな感じで。ほんで、ずっとネット探してたら「シンママ大阪応援団」っていうのがあって、すぐメールして。そしたらすぐ電話かかってきて、寺内さんから。「子ども4人いっぱいおるのに、ご飯食べてないやろ?」って言われて。ほんで何も聞かんとお米を送ってくださって。なに?　なに?　このーっていう感じがすごい感動的で、そっからずっと繋がらせてもらってます。

そのときはもうほんまに、実家でも、きょうだいもみんな、「自業自得」みたいな感じで言われてたんで。「ああいう男を選んだのが悪い」じゃないけど、そんな感じやったんで、全然身内から優しくしてもらえないのに、こんな優しい人がいるんやと思って、もうめっちゃ感動でしたね〜。

――寺内さんね、何も聞かずってね…。

川瀬　そうです、そうです。ほんまにそうやったんです。それ以来、ここになかなか来れずにいたんですけど、「一回おいでおいで」ってずっと言われてて、なんか、なんかどうしよう…、みたいな感じだったたんですけど、来てからは、もうずっと来てるみたいな。（大笑い）

濱田　あの「壷エピソード」、思い出すわー。

髙橋恵子　壺売られるんちゃうかって…。

川瀬　怪しいですよね、そんな美味しい話ないもん…。

濱田　私もメール送って、最初はなんかもう、暗ーい文面つらつらといろいろな悩みを、メールにダーッと書いてて。それやのに、寺内さんからの返信は「お米やら入ったスペシャルボックスいりますか〜？」の一言で（大笑い）。ほんで、えっ！　それだけ？　私の悩みに対する返事ちゃうぞと思った。でも、とにかく「欲しいです」と、ほんなら住所書くシステムになってて（大笑い）。怪しいと全然思ってなかったもん。もう失うもの何もなかったから。

川瀬　「お腹減ってへんかー？」みたいなぐらいの感じやん。

南波むぎ子　お母ちゃんやな（笑）。

――支援者からのそういうリアクションってあんまりないですよね。

川瀬　ないですね。なんかいっぱい聞かれたんですよ、市役所とかは。「どういう経緯で」とか。「それは旦那さんに言うべきことですよね」みたいな。「いや、言われへんから、来とんねんっ！」みたいなね。（うん、うん、うん）

濱田　言って変わるんやったら離婚してないしってね。

川瀬　それを言ったら、寺内さんが市役所まで来てくれはって、こんな分厚い本〔『生活保護手帳』〕、バーンって置いて。[2]〔窓口の担当者が〕ちょっと間違ったことを言うと、「これの何ページに書いてありますか？」って聞いて。もうタジタジみたいな。いやあ、私何年か後に寺内さん側に行きたいですって言って。

(2)　寺内さんの生活保護申請同行支援の進め方については、中塚久美子（２０２４）『子どもと女性のくらしと貧困――「支援」のことばを聞きに行く』に詳しく紹介されてる。

髙橋　私は、食べ物に釣られてなんですけど〔笑〕。離婚して他の子ども食堂に通ってたんですよ。で、寺内さんはそのとき、まだシンママ大阪応援団をやってなくて、そこのご飯を作るスタッフ、ボランティアとして来てはったんですよ。そこで何回か会って。一回寺内さんがめっちゃいっぱいおはぎを作ってきたんです。いっぱいあったから残って。でもそこでは、もうここで食べてって。持って帰るのは駄目みたいな感じだったんですけど。「もう食べられへんかったら持って帰りー」って言われて。ちょっとみんなが「え、いいんですか？持って帰って」って。そこから話してて、私の職場と国労会館〔現・シンママ応援団事務所のビル〕が近いっていうことで、〔子ども食堂より〕こっちの方が近いやんって話になって。〔寺内さんが〕「うち息子２人おったけど、もうだいぶ大きくなってるし、ご飯作っても、食べないときもあって残るから、取りに来る？」って。「行きます、行きます」ってなって。連絡先交換して。「今日は何々作ってあるけど取りに来る？」「行きます行きます」。お仕事の行き道に寄ったり帰り道によったりして、ご飯もらって。そうしてる間にそこの子どもも食堂にこだわることないなって。寺内さんのところにお世話になるようになりました。だいぶ長いと思います。息子たちもその頃から寺内さん見てくれてはって。

南波　6年前かな、うちの元旦那がしょっちゅう養育費払うの嫌で止めてきたりいろいろあったんですけど、そのとき向こうから調停を起こされて、「もう自分は病気だしあんまり払えないんだ」みたいな。そのとき「2万円だけ払う」って言ってきて。なんで2万やねん！って怒ったけど、調停をやってみると、必要な書類を出してこないわ、嘘ばっかり書いてあって。で、〔元夫は〕仕事柄、所得や税金の書類、めっちゃそういうのをごまかせるんですよね。それで調停委員さんも信じるしかない。別にその書類、んー、収入とかたぶん嘘やろうけど、突っ込みどころがなくてこっちの弁護士さんも困ってて、その状態でズルズルと、なんか負けそうやし、このまま。何とか勝てる方法がないのかなと思っていろいろネットで調べてて。私が離婚のときにお願いした弁護士さんの事務所からいつもニュースレター送られてきて、そこに載ってたんですよ、シンママ応援団の寺内さんが。ほんで、この人に連絡してみようと思って、メールで事情を書いて、それをわかる確定申告を入れて、ツッコミどころとか教えてもらいたいんですけどみたいな。で、そしたら「こういう人がいますよ」って紹介してくれて。でもなんか電話では、「あのねー、お米とかね、送るから！」って

ママたち　（大笑い）

南波　何やろう？　わからーんと思ってたら、ほんまに送ってきてくれて、なんかすごいーと思って。ほんで実際紹介してくれた商工会か何かに勤めてはる方に会いに行ったら、寺内さん来てくれて、そこで話をして、そういうことをサポートしてもらったんです。

調停は、結局はもう書類をとにかく出してこなかったので、もう相手の思うつぼになってしまったんですけど…。うん、うん、うん。なんかもう、ほんまにずるいですよね、自営業なんて、逃げ放題。逃げ放題で何の罰則もないし、そんな演技までして、お金もあるくせに、ないみたいなボロボロの格好で来てみたり。でも調停委員さんが「あの人に何言っても無理ですよ」みたいなこと言ってきて、そんなん言われてもなあって思って。ほんで結局、仕方なしに、〔養育費〕一番低収入ラインの５０００円とか決められて。絶対儲けてるはずやのに。ほんで５０００円って決まったのに、なぜか１０００円しか振り込まれてない。（えぇー！）めっちゃふざけてるでしょう？　もうそれ聞いて、何の１０００円キャンペーンやねん！って娘と怒って。これで、スパワールドでも行け言うんかー！って怒ってて。もうそれからずっと、放ってますけどね。

濱田　いまどき１０００円ってなあ…。私の価値１０００円はつらいわー。

南波　そうやろ、すごい怒ってたわ。私の価値、どうせ１０００円なんやろー！って怒ってたから。そんな考えんでもいいやん、もう、ほっときーって。あんたのお金なんかいらんわって。

濱田　捨てられた感あるわ…。

川瀬　あるなあー。だから、なんか人を信用しにくい。子どもが。すごい感じる。（そうそうそう）。もう息子はなんか「もう俺人間嫌いやし」って。

南波　嫌がらせやんな。それに対して怒ってきてほしいんじゃない？　そんなね、もうほっといたらいいやん。嫌がらせの金なんかいらんもん。でも、中学ちょうど入学する時やから一番お金、急にいるときやのに、そんな嫌がらせされたから、もうクラブのお金やらも食費もすごいいるし、結構大変やったから、スペシャルボックス、そっからずっと送ってくれはるようになって、すごい助かりました。

濱田　月1000円いうたら、スペシャルボックス以下やんなあ。

●DVから逃げた「その先の生活」こそ大変

濱田　私は元夫に、携帯電話関連での借金もあって、払えない状況になったので、逃げた後、自分で携帯が契約できないとなり非常に困りました。

――就職のときとかでもやっぱり連絡先が…。

濱田　そうなんですよ。私はDV避難者じゃないですか。お金も、もちろん仕事が決まるまでなくて困ったけど、何が一番困るってその、身の安全の確保も自分でやらなきゃいけないというところがですかね。名前伏せて生活したところで、銀行の口座は作られへんわ、住民票を置いて出れるようにね、制度的にはなってるけども、学校関係、給付金関係、税金、選挙もそうやし、携帯も契約できない、銀行も駄目、仕事もですよ、これ。住民票を出してくれって言われて、決まらず…。だから、接近禁止令とかありますけど、何かそんな方法あるけど、やっぱり自分の身を守る方法すごく緩いなと思って。逃げたらいいやんとか逃げれるよとなっても、「その後の生活」ですよね。うん。それは非常に困りましたね。困ったっていうか、怖いから。

――いったん緊急保護でシェルターに入って？

濱田　シェルターに入って、最長2週間おれるよって言われて、その2週間の間に接近禁止令出したんですよ。保護命令出して、元夫、逮捕されてる間はその辺歩いてないからまだ安心でしたけど。シェルターから出るときには、釈放、出てきて野放しじゃないですか。でもどこ行ったかも教えてくれないし連絡先も教えてくれないし。私には、危ないから大阪から出た方がいいよっていう。次の行くとこ探しときねって言われて終わりやから。えっ？　どうするの？みたいな。

――その頃に、寺内さんと繋がって？

濱田　そのときは寺内さんの存在は知らなかったです。それで〔転居先の〕B市は自分で探して、たまたま私の父親が引っ越ししたてやったからB市で。父親の家の住所は知られてないなと思ったから…。父親も寝るとこあるよ、一緒に暮らせるよって言うから、ほんならもう父のとこ行きますって言って退所手続きをして、父のところ行ってみたら、なんとワンルームやから、寝れるけど生活できへんでしょって。

ママたち　ははははは…（笑）

濱田　寝れるけども、うち中学3年生男子と3歳女子おるんやでって。そこから市役所行って、まずお金ないから生活保護申請したら、「最後のお給料が約1カ月後入るでしょう？　退職金も入るんでしょう？　じゃあ駄目ね」って言われて。今持ってないんですけどって言ったら、「じゃあカードか何かでやりくりして」って言われて、家もないんですけどって言ったら「お金入ったらそれで何かしたらいいいんじゃないですかー」みたいな感じで。どうしよう…と思って自分で調べたら、母子生活支援施設の存在があるのを知って、また市役所電話したら、B市に四つぐらいある。四つとも電話したけど、どこも満室で、数年待ってる人もおるって言われて。それでも順番待ちしといた方がいいな、どこにしようかなって。自分で直接施設に電話したら、三つは駄目、駄目、駄目だったんですけど、もう一つも最初は駄目だったけど、私どうしても気になって1回でも見に行きたいと思って行ったんですよ。アポなしで。行ったら、話聞いてくれて。そしたらね、実は亡くなった人がいる部屋があって空いてるんやけど、そこでもよかったら今すぐ使えるよみたいな。役所にはこっちからも言ってあげるみたいな感じで、そこにポンと入ったんですよ。息子に言いましたけどね。人亡くなった後、事故物件やけどいい？って。そしたら、いいよって。だから役所では入れなかったけど、自分で動いたら入れたって感じ。

●表札のない家

南波　そうやな、私も住所を隠す手続きはずっとやってもらってるけど、とくに娘が、名前が出るようなことはあかんから、娘が大学でデザインのコンペとかに出すときに、本名で出せないんですみたいなことを教授に言ったみたいで。中学高校の時とか、名前と写真をね、あんまり出さないように学校に言ったけど、遠くの大学に行ってることとかも〔元夫は〕知らんし、同姓同名もあるから、わざわざあんたが出したコンペとか、見いへんと思うで、とか言うんやけど、すごい怖がってて、「いやー怖い、怖い」って言って、「ここまで来たら嫌や、学校まで来たら嫌や」ってすごい怖がってて。かといって名字は変えられへんから、下の名前だけ平仮名で書くとか、そんなんでやってる人もおるから、そうしたらどう？とか言ったらちょっと落ち着いたんですけど。

ちょっと珍しい名前やから余計嫌かもしれない。でも平仮名でもいいし、もうなんなら、戸籍はこうやけど、一般名は変える人も結構いますやん、縁起悪いとか、そんな人もおるんだよって言ったら、へえそうなん？って言ってたから、まあまあ、そこはおいおい考えたらいいんじゃないって言ってるんですけど。

怖がってますよね、表札のない家でずっと来てるから。

川瀬 やっぱり表札ないですよね、私もない。

南波 ねー、万が一来られたらねー。

濱田 ただ郵便が届かへんときあるから、最初だけは郵便受けに名前つけてすぐ外すみたいな。ただ、私は名前変えれたから。実績あるよー。両方上も下も全部変えた。

南波 よっぽどのことないと、なかなか認められへんやんなあ？

●改名を許可される理由—怖いは×、稼ぐためは○

濱田 家庭裁判所に行って、私が認められた一番の理由は、「仕事に影響がある」「就職できない」っていうのが、引っかかったみたいで、だからもう認めますって言ってくれたから。「怖い」は認められる理由にはならない。「怖いは駄目」って。

南波 「怖い」でも認めてほしいなあ。

濱田 それを認めたら何か日本ぐちゃぐちゃなるとか言い出して。でもやっぱそれ、隠さなきゃいけなくて「仕事ができない」っていう状況だから、大変ですねってなって認めてくれて。

●DV加害者って被害者ぶるんですよね

濱田　それで、共同親権どうなるんですかね。

南波　ほんま怖いもん、もうあのニュースもう見たくないから消すようにして、もうどうしようもないやろうと思って。見てたらめっちゃしんどくなるから。わかってないからそういうことするんやろうしねー、どうせ会わせてもらわれへん、とかいう方の意見だけ聞いてるんやろうしねー。いろんなこと整備してからやったらいいやんなぁー。

濱田　だって、私も検察官の人に、「怖いんですけど今の居場所だけでもいいから教えてほしいんですけど」って言ったら、「いやぁー、もう反省してるってー」って。（えぇ？！）。そのひと言で終わりー？って。「反省してるんやって、酔っぱらってて覚えてないんやって」って（はぁ？？？）。その一言で私の25年終わりなん？って。それで片つくん？自由と思われてる？って思ったらもう、ほんまに腹立ったけどそれが日本なんやろな。

南波　男尊女卑にもほどがある。で、何か加害者のくせにいつも被害者ぶってるよね（そうそうそう！）。いつもいつもそう。「自分が暴力を振るって、ごめんなごめんな」って言うけど、また繰り返すから家庭壊れただけやのに。「私の我慢が足りへんから」やとか、「私は育児に向いてへんからや」とか、「家のことができない」とか、なんやかんやいろいろ言うて、「いつも自分が我慢してたのに」とか（一緒、一緒！）、絶対なんかDVの加害者って被害者ぶるんですよ。

だからそんなんで共同親権のとき、それでだまされて欲しくないですよね、調停委員さんには。——逃げるっていう制度はあっても、その先が大変ですね。こんな父親、こんな夫がいなくったってやっていけるわっていう社会の環境ができてないなかでね、強制型の共同親権とか出てきてもね。

南波 なんで養育費の罰則とかも何もないまま、そんな共同親権とか言ってるんやろうと思いますよね。そうやってね、逃げ得の人がいっぱいおるのにね。それは絶対わかってるはずなんですけど、そこは絶対整備されないんですよね。

濱田 なかにはお金持ってて、養育費を払いたいから会わせろ的な人もいるじゃないですか。

南波 だから絶対セットやと思ってはるねん、あの人たちは。

濱田 だけど、そういうのを決めた人は、「お金もらえるんだったらいいじゃないの」って感じもあるかもしれへんよね。

南波 そうそう、「我慢すれば」とかね「ちょっとぐらい暴言吐かれても」とかね。

濱田 例えば月10万円の養育費払うからって言うて、会ってなんか暴力あったりしたらどうしてくれんの？て。

南波 ニュースでは「調停委員さんがそういうのを判断するでしょう」みたいに言ってるけど、「するでしょう」と違うねん、その調停委員の前でも演技をして、自分の有利に有利に持っていって、調停委員さんは「もうしゃあないな」ぐらいの感じであきらめて終了。それが現状やねんから。

川瀬　調停委員さんもほら、そういう男の人やと話聞かへんから、結局、話できるほうを説得しにかかる。「だからもう、それぐらいで観念しておいたら？」みたいな、「離婚できへんよ」みたいな感じ。私に説得されてもなー。

濱田　ひと言ね、「反省してるからー」で終わりだからね。何でも許されるのかって。

――お母さんの思いっていうのは、一旦受け止めてもらえるっていうことは…。

川瀬　ないですね、気持ちが受け入れられたって記憶がないなぁ。そういう行政的なものは…。「いいお父さんやないのー」って言われたことが忘れられへん。

●誰か死なないと助けが求められないと思ってた

川瀬　児童相談所の人は、ちょっと話聞いてくれはったかなとは思うんですけど。そのときに初めて「私はモラハラとかDVやったんや」って思えて。そのときに認識できたからそれはよかったかなと思うんですけど。やっぱり気づかんふりしますよね。DVとかモラハラとかね。

南波　たぶんDVかな?とか思うけど、言われるまで受け止めへんから。自分も。毎日、こんな状況で…とか保健師さんに言ったら、「それはDVですねー」って。やっぱDVですかー、みたいなね。

濱田　普通に他の親とかにしても、「どこでもあるよー」とかそんな感じやん？（そうそうそうそう）。ちょっと手挙げるとか、暴言吐くとかも当たり前の世界やっていう感じ？（うん、うん）。だからそれがＤＶっていう認識はないし、ちょっとした暴力もないし、だから私もＤＶで何か助けを求めるとき「誰か死ななあかん」と思ってたから。それぐらいのことじゃないと、「よくあること」。

南波　うちもなんか、両親のどっちが言ったか知らんけど、「かっこ悪いから戻ってくるな」って言われて。腹立つわ〜。

川瀬　「ちょっと我慢が足らんのちゃう？」とか。

南波　「お父さんもよく怒ってたやないの！」って。違うねんって。

●「かわいそう攻撃」はありがた迷惑

川瀬　親戚とかにも言われたなー。なんか外面がすごいいいから。子ども全員連れて私は逃げたからね、「かわいそうや」言うおばちゃんもいたけれど。それはそれで私の母親は反論してたみたいだけど。あの子にもいろいろあんねんとか言って。

濱田　「かわいそうや」言うおばあちゃん迷惑やね。なんにも知らんのに、「かわいそうに、かわいそうに」

――子どもがかわいそうっていう？

川瀬　子どもも、大人も。

濱田　子どもがとかも、いろいろ言われます。めっちゃ些細なことでもね、なんか、雨のなか自転車乗せたら、「いやぁ、かわいそう」って。で、傘持たしたら「うわ、こんな子、傘持たして危ないわー」とか言われて、どうしたらいいのって（大笑い）。「かわいそう攻撃」いらんわーと思う。

南波　うちの親戚はでもね、結構私の肩を持ってくれたかな。うちの旦那が私を探し回って、私もちょっとシェルターに入ったんですよ、最初ね。そのとき探し回って、友達の家、親戚の家、めっちゃ電話かけたみたいで。そしたら親戚のおっちゃんが、「そらあんたが逃げられるようなことしたからやろう」と。ほんで「そんなん私が教えるわけないやないか」っていって。友達とかも「私は友達やから教えるわけない」ってみんなが言ってくれて。そうそうそうそう、そこは良かったんですけどね。

おっちゃんも、「家を出たんやったら、やることちゃんとわかってんな、弁護士のお金あるな」って。もう貯めてるって言ったら、よっしゃよっしゃ、って言ってくれて。

●DVは女性の自信を奪ってコントロールすること

――児童相談所でそれDVやねって言われて初めてわかったと。それまでは自分のせいと…。

川瀬　なんでこんなつらいんやろって思って、なんでこんな私はしんどいんやろう、毎日毎日って思ってたぐらいやったかな。

濱田　でも私さえ我慢したら（そう、そうそう！）、子どもたちは守れるんやなって。

川瀬　生きてはいけるしっていう。

濱田　とにかく我慢さえすればいいんやな、我慢、我慢…って。ほんで私はたぶん前世ですごい酷いことしてきたから（仏教の教え？）、そう、それを償うために生まれてきたんやー、とか、とにかく自分が納得するように。

川瀬　ほんで、来世はお姫様とかそんなんなってるんちゃうかな～。この世だけは〔我慢と…〕

濱田　近々人生終わるかもしれへんけど、来世は幸せとずっと思って（笑！思った、思った）、とにかく自分が何か納得できる答えを自分で見つけて（何とかね。）、よっしゃ、今日も何とかなったみたいな。

南波　元夫にちょっとでもいいとこあったら、まともなとこあった…。ってちょっと安心したりして、何とかやり過ごしてるけど…。

川瀬　自分に説得して生きてたね。

濱田　ほんで、朝来て、また朝きてもうた…。また始まった…ってなるんやけど。

川瀬　私、三船美佳と高橋ジョージのニュースでモラハラという言葉を初めて知って、調べてそんなら全部当てはまるやんって。「お前みたいな者が何ができるんじゃ」とか、いつも言われてたから。私実家で仕事してたし世間知らずやったから、やっぱりそうなんやって言って、もう全部受け入れて。

南波　そうやんね。シェルターに入ったとき相談員さんに図面で説明してもらって。そうかぁー、自信を奪われてたんかぁー、自信を奪ってコントロールされてたのかっていう。はあーって思いましたね。

川瀬　そうやね、何もできへんと思ってたから…。自信失われてたねー。

南波　奪われてたんやねー。知らず知らずのうちにねー。

●逃げるのに「住まい」はハードル

南波　私は子どもが赤ちゃんのうちは我慢して、その後逃げたんやけども。たぶん実家が頼れる人やったらもっと逃げやすいけど、実家が頼れない状況の人もきっと多いんですよ。私も、親生きてたけど母がもう要介護状態で、病院連れて行かなあかんとか結構大変で、父は働いてたけど、私がその介護のとこ繋いだりとか一緒に病院行ったりとか、なんかそんな状態やったから、逃げて安心できるということでもないから、なかなか逃げれないじゃないですか。

濱田　逃げるのに住まいはハードルですね。自分で契約できへんとか…。住む場所の確保って。

南波　私は逃げた後実家に帰ってた時、不動産屋さんに行って、パート勤務やけど母子でもOKっていう大家さんがいるっていうことで、そこを紹介してくれたんやけど、なかにはなかなかないやろうし…。

濱田　私、実家が無いような感じで、まず家を借りるっていう頭がなかったから。家出るイコール、その辺で寝る?。子どももおればおるほどにやっぱり逃げるっていう選択肢がなかった。しかも中学生とかなってると、転校が嫌って言うから。ちっちゃかったら、はい、行くよって言うてね、抱っこして連れて行けるけど、子どもが大きなったらもう自分から動かへんかったら身動き取られへん、逃げたいと思っても。

川瀬　内緒で出たなあ、私、何にも言わんと子どもに黙って出た。上の2人は知らんけど、ちょっと遊びに行こうか、いうて出て、着いて、「えっ、ここどこ?」みたいな感じで。「今日からここで住むんやで」って言ったら、うわぁー、泣いてしもうた私も。…でまあ、転校させせんとあかんかったし、それはすごいつらかった。下の子は1年生に上がるときまでに計画立てて、切り替わりの時に転校させせんで済んだけど。

でもなんかね、すぐ友達作ってきたんですよ2人が。ほんで自転車も乗られへんかったのに、近所のお姉ちゃんに借りて「自転車、ママ乗れるようになったでー」って帰ってきて。子どもってたくましいなー。そう思ったな。

●ワンオペ子育て女性の働きづらさ

南波　シングルになって、離婚成立したのが娘が2歳ぐらいやったんですよね。成立する前とか調停中とか、なかなか仕事が決まらへんくって、結局保育園のパートをしてたんだけど、子どもがめっちゃ熱出すし、「おばあちゃんたちが頼れないんやったら、そんな先生いりません」みたいに、いけず言う先生とかもいてて。それで「かわいそうに、子どもから父親を奪って出て」っていう年配の先生もおって。私はでも、もうそのときは切り替わってたら、「何がかわいそうやねん、ちゃんとDV防止法も習っててへんのか⁉おばはん！」、とか思いながら働いてたんです（怖いな！（笑））。怖い？　すいませんね、河内のおばちゃんなんで。もうやっぱり働きにくいじゃないですか。だからやっぱり働きやすいとこ探さなくっちゃと思って事務系でそういう条件でもいいよって言ってくれるところを探して。子育てワンオペでシングルでっていうのがすごい働きづらいですよね。

川瀬　そやねー、そうそれはある。

南波　いろいろ作ってくれてたけどね、何やったっけ？　ファミリーサポートセンターとかね。あれねー、意外と難しいわ。事前に言うてこの日とか、そんなんできひん。急に熱出るんやもん。そういうのが保障みたいにされたらいいね、小さい子どもの。絶対病気になるから休んでも、収入保障みたいなね。児童扶養手当があるっていっても1年目とかあんまり少ないわけでしょ？

去年の〔所得で審査される〕とかで、離婚できてなかったら、ないわけでしょ？

川瀬　私、Ｓ市なんですけど、市役所行ったときに、「Ｓ市では離婚してる人いないからな」って言われて（嘘ばっかり！）寺内さん激怒りで（大笑い）。なにそれ？　どんな地域なん？（絶対おるよ）

わりかし良い暮らしをしている地域に、なんか知らんけど行ったから、だから、ほんまそうちゃうかな思って（大笑い）

●知識を得て力を取り戻す

濱田　ある意味、シンママ大阪応援団から一番もらって大きかったのは、もちろんスペシャルボックス大きいけど、なんだろう…、「知識と専門家」やと思ってるんですよ。それが何より助かってる。（そうそうそう、ほんまにそう。）やっぱり知らないって怖い。

川瀬　そうね、こんなにいろんな支援あるんやとも思ったし…。

濱田　制度があっても使えないです、知識なかったら(そうそう)。知識なかったら使えないから、それを実際使えるようにしてくれるのがシンママ大阪応援団だったし…。その積み重ねが「あっ、大丈夫」って思えるんですよ、何かあってもちゃんと何とかなるっていう。

川瀬　何か困って、こういうことをわからないんですけど、どうしたらいいですかって言ったら寺内さんがすぐ応えてくれはるから。すごい気持ち的に安心。

濱田　だからってその無茶しようとかそういうのじゃないけどただ、なんか生きていくのは大丈夫なんやなっていうのが一個一個増えていくんですよね。それ、大きいですよね。

●元パートナーのところに戻りたい気持ち──愛情なのか依存なのか

りん　あと何か、自分はまだ日が浅いから、私そこまで、なんていうんだろう…。なんか、振り切れてないっていうか…。殴られても好きだったたんですよね。感情的に、気持ち的に。今も残ってるぐらい…（うん、うん、うん）。どうしようめっちゃ好きー、みたいな。会いたいーみたいのが未だにあって（うん、うん、そうやな）。そう。

濱田　みんな同じこと言うもん。ね？

りん　それ依存なのかな？

濱田　そうじゃないんやけど、たぶん…あの…なんかでもそんな時期が絶対あって、誰に何と言われようと、私は恋愛関係なかったから元夫に対して好きの感情は、これっぽっちもなかったんやけど、でもみんなそうやって揺れながら…。

りん　戻ってしまう？

濱田　また戻って同じことを繰り返す人と、もう違う人生というか、歩む人おるんやけど、母子寮とか入ったとしても、やっぱり戻っちゃうんやって。監視されてても…と聞いた。

南波　好きな気持ちとか、で、不安やん？　安定した生活やったし。なんか急に半分バーって何か取られたみたいになって。なんか安定したもの、なんやろな、なんか不安はすごい不安やったから戻った方がいいのかなとか思う（思う！）。不安…、そんな好きでもなかったけど…。

濱田　どこかで絶対にその恋愛関係があると、なんか好きとか、どういう言葉かわからへんけど「認めてくれてる感」の言葉をもらったりしてる。態度でも。それが欲しいんやと思うねん、本当はその人じゃなくてもいいと思うけど。

りん　うん。

濱田　自分が認められたいわけやん。別の人からそれがもらえたり、別の人からじゃなくても自分でもできたら一番いいと思うねんけど、そういうのが感じられたら、その人は別にいらんねん。

りん　青春時代をずっと一緒に過ごしてきた（うん、うん、うん）、そう…。だったからこそ、何か大きいものがなくなった感じ？　彼だけじゃなくて彼の家族ともによくしてもらってたからそれすらも失ったっていう喪失感。それで結構大きくて…（そうやんねー、あるやろうなー）。今はまだもうちょっと時間が欲しいなって感じ、うん。（そうやなー）

南波　徹底的に嫌いにならないと離婚できないというか、そうそうそうそう。そんなにそこまで言うほど嫌いでもないかもしれへんけど離婚せなあかんから、仕方なしにその気持ちに、そっちに持っていくっていう。本当はすごい喪失感が大きくて、なんかすごいしんどいんだけど…。

りん　戻りたいとか思わない？

濱田　なんかよく聞くのは、やっぱり何かにぶつかって、例えば子どものこととか、仕事が見つからへんとかね、なんかすごい落ち込んだときに、やっぱりいてほしいなって思ったりするのがまた湧き上がってきたりするんやろうな。

川瀬　そうやな、あるやろうなあ。どっかで頼りたい気持ちが好きと錯覚するんじゃないけど…。

濱田　一人じゃしんどいもん。結局。

川瀬　そうやねん、ほんで、そこでまた何か優しい言葉をかけられたらやっぱり私には必要やなとか、思いたいしなあ。

濱田　ただ、「殴る人が殴らなくなった」っていうのはあんまり聞かへんねえ。（そうやなー）

●母親役割

りん　どっちの気持ちもわかるんですよ。この子ども側の気持ちも。一番たぶん記憶が近いからこそ、めっちゃわかるし、今聞いてて、お母さんにしんどい思いさせたかもしれないなとか思ったりー。でも、こんないいお母さんではなかったんですけどー、あの人は。でも、思った。

濱田　みんなお母さんはたぶん自分の子ども育てるのに必死…（必死やなー）。それを何か悪いふうに言ったりする人もおるし、例えば私も反抗期のときはちょっと前までもやけどすっごい嫌いだったし。やけど、母親は母親なりにたぶん子どものことをすごく必死に、どうしたら子どもが幸せになるかなとかいろいろ考えた結果やってみてるけど、それがいいかどうかはわからへんだけで。

　でもね、昔の人の方がもっと、かわいそう言う人周りにいっぱいおったから、子育て大変やったやろね。何やってもかわいそう言われるからね。お母さんって「ひどい人」よ。

川瀬　そうやなあ、私の両親も共働きで自営やったから、「寂しい思いさせたから、あんな不良なったんだ」って。私ごっつ不良やったから（爆笑）、あんなんなったのは、寂しい思いさせてたからちゃうかとか、よう言われたやろうなー。

濱田　何が寂しいんか、やなあ。だからそんな「保育園入れるってかわいそうに」って言うけど、いや保育園入れんと家におった方がもっとかわいそうやしとか、あるやん？

南波　そうやな。「保育園やってかわいそうに」とか言うよな。私も保育園行ってたし、保育園楽しかった思い出もあるから、娘も保育園に入れたかったけど、「保育園なんか入れたらあかん」ってすごい言ってるわー。保育園なんかって。私が保育園で働いてたから、あんたそれ気に入ったんちゃうん?!とか思ってんけど。なんかもうそういう考え方がある。

濱田　結局、今も昔もお母さんはひどい存在や。大変やし、かわいそうやし…。ひどい。

南波　親のプロはいないから、みんなお母さん手探りでやってるから、親を許してあげなあかんよって何か言われたことがあって、そうやなって思う。

濱田　寺内さんはそこ否定しないところがたぶんいいんやろうね、私らお母さんの存在を否定しないから（うん、うん、うん）。

●悩んでる時、「SOS出して〜」で楽になる

川瀬　そうそうそう。「米送ろうかー」や。

濱田　その一言があるとね、すっごいもうどうしようどうしようって考えてるなかでね、「ご飯なんか食べ物いりますかー」って、「えっ⁉」ってなるんですよ。ほんならね、やっぱりね、考える向きが変わるからちょっと楽になるんですよね。なんか心理学でも言うじゃないですか、人は1個しか考えられへんって。私も後から知ってそういうことかーと思って。1個違う何かが頭に入ってくると、そのしんどい考え事がちょっと減るというか…。

南波　寺内さんに繋がってから、「SOSを出さなあかん、出してー、出してや」って言ってくれるから、出していいんやなと思うから、何か楽になったし…。1個悩み始めたらずーっと悩んでたと思う、ずーっとしんどかったと思う。なんかね、適材適所この人にって感じで振っ

てくれたりするから。

●子どもへの罪悪感

――毎年ママさんを授業に招いてお話をうかがうのですが、よく聞くフレーズが、「こんなん言ったら贅沢かもしれんけど…」とか「こんなん言ったらあかんかもしれんけど」っていう…。

ママたち 枕詞！

――枕詞がいつもついててね、だいぶ前は。で、寺内さんは、もっともっとこれ欲しいものあったら言ってねって（言われたなー）それで誰かが言い出したら、「それいいんや！私も！」みたいな感じでね。で、SNSでこれありませんか？とか呼びかけてくれはったり。

川瀬 一番最初にそのS市の市役所来てくれはったときに、「今からパンケーキ食べに行こう！」って言ってくれはって、ほんで行ったら、まあ豪華なセット何千円って。「え？　こんなん食べていいの？　家に子どももおんのに」って思って。やぁ、なんか子どもに申し訳ないなーとか言ってたら「何言ってんの」って言われて。優先していいねんやっていう…。もうそっからちょっとね、いやこれ家帰って言われへんわ（笑い）。

濱田 それ大事だよね、きっとね、子どもにじゃなくて、子どものことは置いておいて、自分だけがちょっとええもん食べるとかっていうのはすごく大事。でもすごい罪悪感、最初あった。

川瀬　最初めっちゃあった。

——罪悪感っていうのは、あれですか、子どもに申し訳ない？

濱田　そうそう。だって子どもを幸せにできへんのに私がそんな権利ないと思う（そうそうそう）

南波　あそっか、そういう理由で思うんかな。なんかいつもね、私だけ、えー、あかんなー、いいんかなーとか思うんだよね。

濱田　だからスペシャルボックスもらって、最初の頃、私がこんなにもらっていいんですかって聞いたけども、でも子どものお菓子とかが入ってるのは全然普通に、いただきますってもらえるんですよ（そうそうそう）。大人向けのやつは、えっ？いいんですかー？

川瀬　美容パックとか入ってたら、これ使っていいんかなー。

南波　そうそう、こんな贅沢な、贅沢品をー！

髙橋　寺内さんがお弁当を作ってくれたときがあったやん？　もらって、「ありがとうございます、持ち帰って子どもたちと食べます」いうたら、「何言ってんの、あなたが食べなさい！」って（大笑い）。「今日、晩ご飯これ食べさせます」って言ったらすごい怒られて、「今、目の前で食べなさい！」って、食べさせられた思い出がある（大笑い）

濱田　不思議とお腹いっぱいになると何か満たされて何か別に…。

髙橋　いや、でも、やっぱり罪悪感はあって、どないしよかなと思って。これで子どもらは今日晩ご飯食べさせられてたのに、とか。それ2、3回ぐらいやられて。じゃあ、次からちゃんと自分で食べますってした憶えがあります。

濱田 一回、稼ぎたいから看護学校行きたくなって。一番最初に看護学校行きたいなって思ったときが、長男が中学生やったんかな。当時働いてた師長さんからも推薦状を書いてあげるよとか言ってもらったけど、結局その手続きも直前まで進んで、あれ？でも学費、私に使ったら子どもは？ってなったときに、やっぱりさっと引きましたね。引いちゃって（あぁー）。でも後から考えたら引く必要なかったんやって思ったけど、やっぱり何かで子どもと自分が天秤にかかると子ども優先にしちゃう。

川瀬 罪悪感って、まぁまぁ罪やなあ（うーん）

●産んだ瞬間から私はそっちのけにされる

りん お腹にいるときは「いっぱい食べてー、2人分食べてー」とかだったり、街を歩く人にも「いつ生まれるの？」とか、「寒いから気をつけてよー」とか言われてたのに、生まれた瞬間、出産祝いは私そっちのけで、「わぁ、かわいいねー、かわいいねー」って。

南波 そっち行くんや。

りん こっちはなんか、みんな「醤油持ってきて、お酒持ってきて」って。寝させてーみたいな。

濱田　確かに。なんか産んだ瞬間から、お母さんは別？

りん　お母さんは別（ほんまやー）。突きつけられた現実。あぁ、それが一番しんどかったかもしれない。

髙橋　「産む人」ってしか見てないんかな？

川瀬　そやなー。

濱田　お母さんって何やねん、と思ってんのよって話だよね。

南波　だったら嫁さんのこともね、もっと大事にしてよーって思うんですよ。

りん　何歳だと思ってる？私。でももう本当に。本当に。

髙橋　私、子どもを初めて産んだときに、産み終わった直後に思ったのは、「この世の中に普通にざらにいるお母さんたちって、すごいなー」と思いました。何気にいるお母さんたちでこんな経験してんの、とかってすごい思って。もう世の中のお母さんのことを尊敬するようになった。

南波　めっちゃわかる！わかる。マジわかる。

髙橋　子どもを産むってこんなすごいことなんやって。

りん　それでも「まだ、まだマシなほうよー、あなた、もっと、3日かかる人もいるんだから」と言われて。助産師さんに。やばーみたいな。3時間で生まれたから、まだマシなんだと思って。すごーい、みんなーと思って。

もう無理。痛い。誰？　「わが子の顔見たら忘れる」って言った人…。忘れないんだけど（笑）、痛すぎて……。懐かしいなあー。かわいいなあー。

なんか親族っていうのが、弟と子どもたちだから、めっちゃ居場所って思っちゃって、生まれた後に。母親っていうポジションになって。子どもの方が親に対して、なんか無償の愛を与えてる。どんな親でも嫌いにならないんですよ（うん、うん、うん）、自分もそうだったし。だから何か必要とされてることに、めっちゃ嬉しく感じてーっていうのは覚えてます。

濱田　そうやな、だって思いっきり叩いたことあったもん、せやのに「おかあさーん」って来るねん。物ぶぁーって取り上げても、外に放り出して私もパーって逃げたら、ベランダから「ママー、帰ってきてー」って泣いてるねん。何をやってもやっぱり必要な存在なんやなって。うん、そう。思ったなぁ…。

りん　そう。それが、うん、嬉しかったしー、あっ、こんなに自分のことを必要としてくれてる人が、この子たち以上にこの先誰も現れないと思ってて…。それが本当に嬉しくて…。嬉しい。今も。だから、子どもと接しているっていうよりかは…。なんていうんでしょう。…あっ、自分は「対人(ひと)として」っていうのを心がけてて、育児で…。そう。人として好きだし、人として尊敬してるなって思う、子どものことは。

濱田　…だけど大変なときありますよね。

ママたち　（ためいき&笑い）
濱田　どっちも、両方。でも大変なとき、人変なときも1人だからね。
川瀬　うん、それはあるなー。

●食べるもののこだわりにつきあう

濱田　今10歳ですけど、食べれるものもねー。
南波　そうやなー、それ大変やよなー。
川瀬　アレルギーか何か？
濱田　いや、偏食で。最近すごいね、〔肌の〕乾燥とか出てきて。よう考えたらもう丸々1カ月学校行ってないから給食食べてないから、家で焼きそばだけやもん…。
南波　人前では食べようと思って給食食べるんやっけ？。
濱田　給食は、なんかわからへんけど、保育園のときなんかあったんかなー。給食だけは残さず食べるっていうのが自分の中であるから、やってるけど。
川瀬　そのときはバランスがとれた、給食で。
濱田　何とかね。でも学校行かなくなって給食全く食べなくなったら、毎日焼きそばやから。偏ってるから痒いんじゃないかなと思うけど…。食べないの、違う焼きそばも食べないし。決まってる焼きそばしか食べない。

りん　なんでなんだろう。

濱田　なんかねー、すごい敏感なんかな、匂いも。うどん好きやけど、うどんを出されたら、クン、クン…無理ってなる。どんだけお腹すいてても食べない。だしの香りで無理って。

南波　発達障害の子で結構そういうのを聞くんですよ。なんか幼稚園のとき、お弁当を入れるのがね、もうこれとこれしかないのよ、とか。で、〔食べられるものが〕ちょっとずつ増えてきたのよーとか聞くけど。ねぇ、それも人によるんやろうしね。

髙橋　一口食べてちょっとずつ食べれるようになると思う。うちも息子がすごいひどくて。こだわりみたいな感じ。うん、これはもう駄目、これ食べるとかすごいひどくて、食べさせるのは大変やって。でも食べれるのでも、見た目がちょっと嫌やったら、ゆで卵でも、殻むくの、ちょっと失敗したやつは絶対食べへん。

濱田　わかるー。

髙橋　わかる？　すごいそういうのがあったけど、今はなんかやっぱり食べれるようになってきた。

濱田　それで昨日、こうやってわーって掻いている時に、ついつい、「給食食べてないから野菜足りひんのちゃう？」って言ったからかわからへんけど、なんか「カレー作ってほしい、茄子とかいっぱい入れて」って言うから作ったら昨日食べてたてん。

南波　よかったやん。カレーの味でごまかせるんかな？

濱田　といっても、カレーは「バーモントカレー甘口」しかあかんけどなぁ。高くても、隣で100円で売ってるのがあっても、それしかあかん。中辛もダメ。（マニアックやなあ）

川瀬　えー、その繊細な舌は、何か使えそうな、職業に。

濱田　でも食にあんまり興味ないけどねぇ。もう、いつもまず「（クン、クン）無理ー」とか。

川瀬　なんか発達段階があるからその子その子の。っていうから、治る子がいるとかマシになるっていう。

りん　いきなり食べれるようになる。私、蜂蜜嫌いだったけど今は大好き。

南波　波があるんかなー。基本的にお腹すくからいろいろ食べるねんけど、でもちょっとこれは嫌やとかあるわ。なんか給食に中国の野菜が入ってるやん？もちろん。「なんかなぁ、すごい気持ち悪くなってん、途中で食べるのやめたわ」とか、よう言ってたりね。私も何かこっそり中国の冷凍の野菜使ったりするやん。「ママこれ嫌」とかってそれだけ残す。

濱田　わかるねんな、すごい。

南波　やめてー、もうそんなん…って思うけど、もうなあ、貧乏やのにさー、何でも食べてよーと思うけど、何かあるねんな、やっぱり。で、急に、ある時、「私お好み焼き嫌い」とか。いや、お好み焼き嫌いやったことないけど、って言ったら、お好み焼き嫌いって決めはったら、そこからお好み焼き食べへんねん。

濱田　そういうことなんやな。自分で決めたことはもう…。

南波　そうそう。ほんで、ある時お好み焼き作って今日これしかないからって。もうこれ嫌やったらコンビニで何か買っておいでとか言ったら、渋々食べて「美味しかったわぁ」とか言うんですよ、なんか勝手に決めてるだけやから。うんそう。

濱田　昨日は食べてくれたからいいけど、食べたい言うから作ったのに、「(クン、クン) やっぱり無理」とか言われたらもうやっぱ悲しいよー。

南波　ショックやなー。ほんまわかるわー。

濱田　食事なんか毎日やん?

髙橋　いつか〔食べられるようになる〕っていつ来るんよーみたいな感じやもんなあ。

りん　みんなお母さん、頑張ってるなあ。

濱田　食べさせへんわけにいかへんし…。

南波　ほんまやなあ。それしか食べたないって言ったらそれを用意するしかないよね。

●お金はかかる。でも子どもの友だちと揃えてあげたい

川瀬　さっきも言ったように、裕福な家の家庭が多い地域に住んでて、ほんで、遊びに行くっていうのよ今日。テスト終わったから。映画に行くのに1人4000円かかんねんて、みたいな。
濱田　え？　なんで4000円かかるの？
川瀬　電車で行くから往復1000円で、映画1000円、なんか遊び代2000円で4000円ぐらいかかんねん。「やっぱやめようかなー」とか言われたらね…〔あぁー、そうやなー〕。「半分出したんでー」とか言って、でも、うち双子やからね、2人分で、ママ、4000円もかかるやん、とかって言われて。はぁー〔ため息〕ってなった。
南波　そっか、映画見た後なんか、ちょっとええとこでお茶すんねんな。
川瀬　そう。ほんで、みんなどうしてはんの？って聞いたら、遊びに行くって言ったら、もう「その都度お金もらえるみたい」って言うてたから、結構そういう家庭が多い。なんかユニバ〔ユニバーサル・スタジオ・ジャパン〕行ってやんねん、みんな。
濱田　それ痛かったー。みんな年パス持ってんねん、周り。
南波　みんな持ってたらつらいよね、なんかあったわ、高校の時も何人かは持ってて行って。でも何人かは持ってないねん。うちの子の高校はそんなにレベルもな、高くないからな、結構母子家庭の子もわりかしおって。あの子も持ってないから、いいよ、ママーって…。娘は言ってくれた。

濱田　わりと子どもはそこまで思ってないんやけど、親が不必要にこの子にかわいそうな思いさしてるとたぶん思ってるんやと思う。

南波　そうやな、思っちゃうんやな。

川瀬　またインスタのストーリーとかであげるからね。今行ってるねんって。「春休み海外行ってる子おる！」みたいな。

濱田　中学のときもよく言った。「クラスの打ち上げがあるから、焼肉やから3000円から4000円いるけどいい？」とか、しょっちゅう言われて、そんなあかんとも言われへんし…。

川瀬　何回行くの？みたいなのもあるしなあ、そこでグループごとでやってて。

濱田　だんだん「ほんまか？」みたいになるんやけど、でも行かせへんわけにいかへんからやっぱり…。もしかしたら子どもの知恵かもしらんとかいろいろ葛藤してて。ああ言うたらもらえるからほんまはいかんけど(かもしれんなー)。お金がかかる。でも友達とは揃えたいと思っちゃうから。

南波　そうやね、かわいそうな思いはさせたくないと思っちゃうからね。

りん　うわぁ、施設でも言ってたな。本当は必要ないのに必要なものを申請してお小遣いをもらってたなぁ。(大笑い)

濱田　子どもなりにすっごい考えてるんよね、どうしたら…。

南波　必要なんやもんな、それがな。だから申請するんやんな。
りん　そう。必要やし。それでも子どもたちにとったらそれが意外と悪いもんじゃないかもしれないし。やっぱり、何て言うんだろう…。あ、やっぱやめとこうか…。
ママたち　なんでやねんっ（笑）、言ってええよ。言って！

●子どもの選択に母が責任を感じなくてもいいよ

りん　なんか、「かわいそうな人生」とか、いろいろ山あり谷越えてきて、なんか、そこに対して子どもに「私のせいで」とか、「もしかしたら、あの時産まなければこんな思いさせなかったはずかもしれない」とか思うかもしれないっていうのを今聞いてて思って、母親側の意見ということで聞いたことなかったから…。
　でも、なんか、乗り越えるのは子どもたちで（うん）。乗り越えきれなくてもその子のことで。なんていうんだろう、言葉にするのが難しい。…母の責任というより、子の選択。だから、そこに対して誰もその選択を否定する権利もないし、肯定もしなくていいっていうか。子の全力の選択だから、生きていくための。母親が自分を責めないでーっていう。
髙橋　自分の容量というか、あれやねんな。
りん　うん、そうそうそうそう。個々の人生だから…。だからあんまり思いつめずにそうそうそう。

●しんどそうなお母さんみてるのが辛かった

川瀬　それで言うたら、私は子どもらを黙って連れて行ったときに、すごい責任感からもう鬼の形相で、絶対に意地張ってでも子どもら食べさしていくねんって言って決めて。もうたぶんね、子どもらが近づけへんぐらいのピリピリ感やったみたいで。それでも私はちょっと1年間ぐらいで働けへんぐらい鬱状態ぐらいになってたから、でもこのままやと食べていかれへんかなと思って、また実家に働きに行ってん。旦那が近くにおるから怖いっていうのもあったし行けなかったんやけど、そうなってきたときに、ちょっとママ復活してきたなー、ぐらいのときに、娘が不登校になりだして、今度。ほんで、全然行けへんくなって、もう真っ暗な部屋で、もうずーっと過ごすみたいな毎日で。

髙橋　高校の時？

川瀬　高2の時。で、大学もどうすんのー？みたいな感じで、もう私も責める、責める。「もうせっかくお金出してんのにー」って。

濱田　おくちチャック！なんやけどな（笑）。

川瀬　「どんな思いして行かしてる思ってんのー」みたいなんですごい言ったら、どんどんどんどん病み出して。ほんだら、夜な夜な出かけるようになったんよ。ほんでそれもカチャっとか音したら、うわー追いかけていってパジャマで。ほんで何やってんのーって引きずり回して…（わかるわー）。帰ってきて「何考えてんねーん」って言って。彼女の顔を見たときに、なんでこの子こんな自分のことを大事にできへんくなったんやろと思ったら、私がこの子のこと大事に思えてたかなって思ったらまたそこでワーッて泣いてもうて、そのときに「ごめん」っていう言葉がもう勝手に出た…。うん。

そしたら、ママなんで泣いてんねやろみたいな感じになったんやけど、私が大事に思ってくれてる人にこんなに泣かしてしまった、辛い思いさせてしまったみたいな感じで、そこから何か親子関係が修復して。そのときに言われたのが、「もうちょっとママ頼っていいねんで」って。「しんどそうやって、見てたら。子どもらに言って」って言われたの。「それを言ってくれへんことが一番つらい」って言われて。それから、あぁ、言わなあかんなっていう。で、今は言ってます。

ママたち　（笑）うーん、ほんまやなー。

濱田　それを教えてくれてんのは寺内さんやし、私もシンママ大阪応援団に出会ってから…。そう、中塚さん(3)の取材ですよ、息子を取材したいって言われて、そのとき高校生やったかな、息子がいいよ、取材を受けるよって言って。お母さんおったら喋りにくいやろからって言ったら、いや、横おっていいって言って。私が隣で息子座って中塚さんのインタビューされてるときに、「しんどそうなお母さん見てるのが一番つらかった」って…（あぁ、そうやんなー）。「お母さんが働き出してもすごい嬉しかった」って、「安心した」っていう言葉をもらったから、子どもそういう感じで見てるんやなって。

そこで寺内さんが言ってることと繋がるわけ。寺内さんは「なんか自分が楽しいことをせなあかんよ」とか、「自分のためにせなあかんよ」っていうのがあって、うん。聞く話と、実際子どもが言ってるのが一致して、あぁ、そういうことか…。だから別に子どもに申し訳なさを持つ必要ないいんやなとか。

(3) 朝日新聞記者、中塚久美子さんのこと。シンママ大阪応援団の寺内さんやママ・子どもたちの取材を続けた内容は『子どもと女性のくらしと貧困─「支援」のことばを聞きに行く』（かもがわ出版、2024年）に収録されている。

●この子、助けにきてくれたんや

川瀬　こんなん言うたらスピリチュアルみたいな話になるけど、この世に生まれてくるときのお母さんを幸せにしたいって決めて生まれてくるって聞いたから、やっぱり笑ってんのが一番いいんやろうなっていう。じゃあ、あそこから逃げた選択肢はもう大正解やったんやなっていうふうにそう思った。

娘がちっちゃいとき、「生まれてくる前にさぁ、めっちゃ嫌やってん」って言って。6年は出てけえへんかってん、不妊で。ほんで、「あのお父さん嫌やー」って言ってたのに、「別れることなるからいいで」って言われたんですよ。

ママたち　えー、すごーい！

川瀬　ほんで、「ほんまに別れた、と思った」って言った。「思い出してん、ママ」みたいな。

濱田　うちの子も言ってたで。3歳半でシェルター入ってすぐのときや、「私、どのママにしようかなーって探してるときに、1人だけ悲しそうなママがおったからママを選んだんやで」って言われて。

南波　うちも娘が2歳ぐらいのときに言ってん、私に。上でね、プカプカ浮かんでたのよって。それで上から見ててね、すごくね優しそうでね、それでね、すごい優しそうだけど悲しそうやったからね、この人にしようと思ったのよーって。それを本人はもう忘れてんねんけど。

濱田　なんかそういう研究してる先生の話によるとね、言っちゃいけないんですって。子どもがね、生まれてくるときに本当は忘れるようになってるんやけど、なんか記憶残ってて、本当は言っちゃいけないんやけどポロって言っちゃうのが2，3歳ごろ。で、6歳ぐらいになって、はっきり思い出すのか、何か信号来るのか分かれへん、言っちゃいけないっていうことを思い出すみたいで、ちょうど6歳ぐらいのときに娘に「ママ助けるために来てくれたんだよねー」って言ったらそれまでは、うん、うん言ってたのに6歳超えたぐらいから、「ママ、もうそれ以上聞かんといて！」（大笑い）「わかりましたー」。もう終わり。その話。

ママたち　そうなんやー（笑）

濱田　でもね、娘を妊娠したとき、私めっちゃパワハラを受けてて…（旦那から？）。職場から。職場だけが居場所やったのに、職場もしんどい存在になって家もしんどい、ほんで職場は休業しなさいっていう命令出るし、行くとこないやんと思ってるときに妊娠してるんですよ。妊娠したらすごいなんか別人のように、何か精神強なったというか、パワハラしてくる人にも何か言い返してる私がおるし。

川瀬　そう言われてみれば私も実家で働いとったけど、知ってるところの会社にちょっとだけ1週間に1回行くことになってそこの社長がめっちゃ嫌いで…。そのとき妊娠してるわ（笑。救われてるー）。辞めたい辞めたいと思ったら妊娠しとったわー。

濱田　私は離婚後に産んでるので、離婚は早うに成立してたけど、また転がり込んできてずっと居候でおったんやけど。だから父親4人とも一緒やけど、末っ子だけは父親を認めたくなくて私が。だから戸籍上、父欄、空白にしてるんですよ。

そんなんも全部ちょっと危険的な家の中でね、状況やった時に、娘だけ助かったりとか、娘の一言でちょっと状況変わったりとかあるから、ほんまにこの子助けに来てくれたんやって思って。

●私、めっちゃ酷い母親やと思うんです

髙橋　今の言葉聞いて、私もちょっと大事にしなあかんかな、子どものこと、とか思って。ずっとね、長男はもう全然、合わなくて、合わないたぶん合わない（相性？）。うん。ちっちゃいときからもう全然。何やっても腹立つし。そのとき婚姻関係あったときでね。全てのストレスを彼に向けてたんですよ、私は。もう…。まぁまぁひどくて…。すっごい虐待してたんですよ。もうたぶん、よう捕まらへんかったなってぐらい。なんか、1回もかわいいって思ったことがなくて。で小学校入るぐらいのときに相談しに行ってて、そこでペアレントトレーニングっていうのを受けてみたらって言われて受けて、半年ぐらい経ったときに初めて何かやったときに、その瞬間、「あ、かわいいなこの子」って思った（笑、そうなんやー）。でも何をやった瞬間かわからないけど、そう。それまでもう、何かやるたびに腹立って、とりあえず殴る蹴る、壁に叩きつける、踏みつけるとか、もうすごいひどいこと本当にひどいことやってて、そう。

なんかそれで〔トレーニング受けてから〕思って。「かわいいやん」って思う。思った瞬間から変わったわけではないんですけど、やっぱり根底にはこの子も、もう嫌っていうのがすごいあるから。今ね。未だにしんどい。何やっても腹立つ。何やっても合わない。うん。でもすご

いもう関係がしんどくて。うん。でも、それでも一応ね、お母さんみたいな。そうそうそう。いうて苦しいなとか思って。すごいね、私めっちゃ酷い母親やと思うんですよ。外でこんな言って話できるなってぐらい。言葉がけとかももう…。

川瀬　なんかそういうさー、なんかお母さんは悲しそうやったから来てんでーとかっていうような子ってやっぱり絶対その魂が強い子っていうか。すごい強い子やから、自分がそれを引き受けれるってわかってるから、生まれてきてくれたんやろうなっていうのがあるから。

濱田　何かあるんやと思うねんで。

川瀬　絶対あると思う、強いと思う。

濱田　親を助けようと思って選んだっていうのと、あと親の成長のために選んだっていう人もいるからだからやっぱり子どもって何かを自分にくれるものやなって。

南波　そうやな、成長させてもらってんねやろなとは思う。

濱田　腹立つけどな…。

●親に見せる姿と、親以外の人に見せる姿は全然違う

南波　日々わからへん、この子ほんまわからんわとか思うことばっかしやねんけども。すぐもう泣くし。荒れるし泣くし…。またー?とか思って。いつご機嫌になんのー?って。ちょっと

ご機嫌かなと思ったら、ぴゅーんって怒るし、まあええわって思って放っておいたりするけど。うちは訪問看護さんとか来てもらってるんですけど、発達障害がひどくなったりいろいろあって。今回W市でまた新しく〔訪問看護を〕変えなあかんから、いっぱい探してやっと来てくれた人も、結構、「この子はお母さん、立ち直り早いし、すごいわ、強いわ」っ言って。ウジウジしてて、また荒れてるわーとかいろいろ連絡しても、何かサラッとかわされて、次来たときも「ほら、もっと強なってる、すごいなー」とか言って、褒めて帰ってくれるねんけど。やっぱり強いんかもしれんねー。「普通の子はもっとな、落ち込んだらずーっと落ち込んでるわ」って言って。

濱田　やっぱり親子って特別な関係やから、親に見せる姿と、親以外の人に見せる姿は全然違うし、どっちがほんまかもわからへんけど。

南波　わからへんなあ。「後でちょっと落ち着いたら訪看さんに電話しなさいよ」って言ったら電話したみたいで、そのときなんかすごいしっかりしたこと言えてたからなって言って。

濱田　うん、○○ちゃん〔南波さんの娘〕、ほんとしっかりしてる。あのプレゼンなんか、すごかったもんなぁ。

南波　しっかりしてはるみたいなんやけど、家で何なんやろなぁ、あれ（笑）

濱田　家は、だから、息抜きやねん、ゆっくりする場所やねん。

南波　なんか暴言とかは、他の人には吐けないけど、私にはたぶんいっぱい吐きたいからいっぱい吐いて、そこでストレス発散させるから、そう、まぁそうなんやろねーと思うねんけど、「私なんか生まれてけぇへんかったらよかったのに、なんで産んだんやー」とか言うから、「あんたのこと産めへんかったらよかったと思ったことは1回もないねーん」って怒って（笑）。「あんたは、ママやみんなを助ける光やねん。そんなん言うなっ」ってめっちゃ怒って、言ったるんですけど（笑、笑…）

川瀬　優しいんか恐いんかわからへん、はっはっ（笑）

南波　怒りつつ、ちょっと肯定感を上げようと。喧嘩してんねんけど、生まれてきたら…とか産まんといてくれたらよかったのにとか、そうね。すぐ言うけど。

髙橋　でも、息子自身はすごいいい子なんですよ、ほんまに。なんかよくね、気も効くし。

濱田　むっちゃ効くよ。

髙橋　そうそうそう。本当にすごいいい子だと思うんですけど、私が育ててることによって、絶対良くない方向に育ってるっていうのはもう、すごいわかってるから。

ママたち　そんなことないよー。そうじゃないと思う。

髙橋　ほんまに。そうそう、ほんまにめっちゃひどいこと言ってる。もう、だからね。ちっちゃいときとか、自殺するっていう概念がないから、今も生きてるだけであって。小さいときからそういう自殺していいんやっていう考えがあったら、たぶん死んでると思います、自分で。それぐらい、ひどい。

濱田　いや、でも、もうだって、そんなん考える子はな、もっと小さい子でもやっぱりそれを考えてるから、だから、ちょっと前でもさ、「将来あれしたいこれしたい」っていう言葉が出てくるんやから、それは違うと思う。

南波　高校生やろ？　そりゃ育てにくい子やねんけど…。でもほら、いいところがあるから。

濱田　すごいねんで、ちょっと雨の日、一緒にコンビニまで行ったらさぁ、私、車道側を歩いとったら「危ないですよ」って言って歩道側歩かせてくれて。

川瀬　ジェントルマンやーん。

濱田　そやろ？　ほんでね、「あ、車来ましたよ」とか言うねんで。喋ってくるねんで。えっ？ちょっと待って、中学生〔当時〕やんなー、とか思って。「わかったこっち歩くわ」みたいなそんな感じ。傘さしてな、一つの傘。

高橋　あははは（笑）…。

川瀬　めちゃめちゃジェントルマンやん。

濱田　そうやで、私そんなんしてもらったことないから（大笑い）…。

南波　一番優しいんちゃうん（ほんまやー）。

高橋　何回か、里親さん探して欲しいとか。私はたぶんこの子のいいところを全部ぐちゃってしてしまうから、誰かいい人いたら育てて欲しいとか区役所にも相談に行ったたし、児相にも行ったし。寺内さんにもちょっと言うたし。でもどこ行ってもやっぱり、「お母さんがちゃんといるんやったらお母さんが育ててください」とか。「まだあなたのケースはそんなにひどくないから。もっとひどいとこあるんですよ」ってばっかり、どこ行っても言われてきて、そう。今に至るって感じで。

濱田　きっと、親もいらんこと言い過ぎって言われるけど、周りの大人もいらんこと言い過ぎで。でも、思ってる以上に子どもはそこまでに思ってない。

川瀬　たくましいよな。

濱田　ついこの前、次男と電話で喋ってるときに、「そういえばあんた、算盤行くとか言って行ってなくて、月謝は使い込んで遊んで、ほんでお母ちゃんにそれ見つかって、思いっきりビンタされたよな」って話になったら、「あのときなんであんなに怒ってるんやろぅと思って…」って言うから（大笑い）。私の中ではすっごいもう、腹が立ったことと、手を上げてしまったことがすごい残ってるけど、子どもからしたら、「お母ちゃんなんでこんな怒ってるのかなぁ」みたいな、ただそれだけのことで終わりやったみたいな。何も腹も立ててへんかったし…。だから、ようねぇ親、言い過ぎたらあかんとか、おくちチャックとか言われるけど、それもやけど、他の役所の人もそう、言ったらあかんこと言い過ぎやなって。そこまで気にしてへん、子どもも。

南波　気にしてへんし、きっと居場所が、ピタッとくる居場所があったらたぶんちゃんといろいろやるんやと思うで、賢いし。今日も〔スペシャルボックスの〕ガムテープ頑張ってたし。

濱田　自己紹介とか大人顔負けですよね、めっちゃうまいですよね。すごいなあと思うもん。

南波　もうちょっと大きくなったら、変わるのかなー。わからんけどなー。

髙橋　変わらんでもいいと思うねん、あの子自身は。私が変わらなあかんと思うねん、あの子に対して。あの子はそのままでいいと思うねん。

濱田　そこは、変わらなあかんとか変わらんでいい、とかじゃなくて、もうほんまに何も言わないでいいと思うで（笑）

髙橋　だから何も言わんように変わらなあかんねん（笑）

濱田　そやそや、そういうこと。

南波　私も常々指導されてんねんけどね、訪看さんに。

濱田　私も娘に「ママ、いらんこと言わんでいい、1回言ってくれたら私わかるから。あとは私に従わへんかったら失敗するでー」とか言われて。もうおっそろしぃけど、いうこと聞いとくわー。しかも1回だけにするわ。言うの。

南波　言い過ぎたらな、あかんって言われるわ。「わかってんねんけど、できへんだけやからな。それで言われるから腹立つんや」って言うてた。

髙橋　苦労もいっぱいしてきたけど、結婚して、結婚生活。離婚が成立するまで。苦労はいっぱいしてきたけど、そう、子どもに対する…、この罪悪感っていうのは、何か違うなって。苦労とはまた違うなって。苦労はなんぼでも乗り切れるけど、この罪悪感はたぶん私一生消えへんねやろな、とか思う。

川瀬　なんか、それが罪悪感に変わってるだけで、反対側から見たら、すごい愛情やからさー。その愛情をたぶん知ってるから、いい子やねんって。

髙橋　私も専門家でも何でもないから、私はこの子を育てられへんというのは本人にも言ってるんです。お母さんもう絶対うまいように育てられへんから、あんたはいい人、ちゃんと自分の人生を良いように導いてくれる人を自分でちょっと探して、その人の後ろを見ながらついていったらいいと思う、とは言うてる。お母さんは絶対もう、一生お母さんのこと許さんでいいからって言って。

川瀬　やっぱ何かその裏側にあるすごい愛情を感じてるような気がするな、彼は。

髙橋　責任感。産んでしまったからには。

濱田　それを思わんでいいよって言うんやろ?

髙橋　そうそう。

濱田　私もよく言われたけど、「産んでしまった責任感、思わんでいいし、罪悪感も持たんでいいし、あと、育てようと思わんでいい」って。「温かいご飯用意したらそれだけでいいから、あとはもう自分で決めていくこと進むことやし、何もしてあげられなかった、も思わんでいい。自分のためにするのは自分やから」って。

川瀬　うん。ほんまにそうやな、シンプルに。

濱田　でも、どないやっても子どもが壁にぶつかるときはぶつかるし、むっちゃなんか幸せそうにしてるときもあるし。その都度また揺れてるのが母ってもんやねんけどな。

●不登校の悩み

南波　でもほんまに不登校ずっとやられたらほんまきついわ。

濱田　不登校、本当きついな。私も思うわ。

南波　自分でもやばいと思うまで、どうしようもないもんな。もうほんまにやばいと思いはったから何とか這い出はったけど、あの子は。

濱田　ちゃんと進めてるもんなぁ。

南波　ただあの子は大学でどうなのか知らんでって感じやけど。まあまあ1日2日ちょこっと休んだけど、それを後悔してたし。まあ「高校みたいなことになったら自分がしんどいしなぁ、あれは嫌やったわ、もうやめるわ」みたいなことは言ってはるわ。

川瀬　自分で体感しなわからへんもんな。うちも4人中3人不登校やったからな。お姉ちゃんも不登校やろ、お兄ちゃんも1月ぐらいからずっと行かれへんかって、やっとまた行くようになったけど。

濱田　放っておいても行くようになるんかな？

川瀬　もう放っておくねん、何にも言わへん。

濱田　今もなんかな、もう気持ちめっちゃわかるわ、朝な、寝てるままな、ママ行ってくるねって出て、帰ったらまた何かパンツとシャツ1枚で家の中でうろちょろうろちょろしてて。洗濯干すとき「服ないわ、今日」とか言って（笑）。家から出てないいんやなー。◎◎〔髙橋さんの息子〕もそんな感じかなと思って。一日中、何してんねんやろうって。

川瀬　うちの子は1年ぐらい行けへんかったんちゃう。だけど、もう何も言わんとこうと思って。全肯定しようとこの子のことを。

濱田　いつも仕事してたら〔学校から〕電話かかってくるねん。

川瀬　そうそう、言われるけど、「でもまあ、この子のタイミングがあるんです」って言って。タイミングが来たら行った。一番あかんかったときは上の子のときよ。すごい言ってたから。

南波　うん、言ってしまうよなー。

川瀬　あれは逆効果やなと思って。下の2人は言わんことにしたら、わりかし早い段階で〔行くようになった」

●学校に行かない理由

濱田　〔娘に〕「学校の先生になんで休むか言わなあかんねんけど理由は何なん？」て聞いたら、「ママ、私はすごくつらくて、すごく疲れる。そういうところに行かせたいの？　大切な私を」って。（大笑い）

川瀬　そんだけ言えるねんやったら、どこでも生きていける。

濱田　「お昼ご飯どうしよう？　給食だけでも食べに行ってきたら？」とか言ったら「ママ！（怒）」とか言って。「わかった、〔お昼代に〕Ｐａｙｐａｙ入れとくね」って言って…。

南波　〔学校で〕疲れんのはたぶんそうやと思う。娘も普通の子よりめっちゃ繊細やから疲れるねん（わかるー）。音も五感が繊細でしんどいのはしんどいみたい。

濱田　で、こうやもんな、先生が「そんな先の心配せんでいい」って言うけど、でも道徳では「先のことを考えて話しましょう」って習うやん、「じゃあどうしたらいいの私は」って。そんな難しく考えんでいいのに…。

南波　賢いねんなー。

川瀬　すごいわ。そういう何か俯瞰して見てるというか視野が広いというか。

てないとな。

濱田　〔娘に〕怒られるから、「そのように先生に言うわね」って言って、その通りに言うねん（うん、うん）。でも、「そろそろ来てください」って言われた。学校に。やっぱ1カ月全く行ってないとな。

南波　来てくださいも何もなー、どうしようもないからなー。

濱田　どうしたらいいか、わからへんやんなー。嫌な子を連れて行かれへんし。

川瀬　自分で行くってうちの子は言ったかな、ほぼ1年ぐらい休んだけど中2からは行くわって。自分で言うたことは守る、自分で。

濱田　たぶん絶対嫌じゃないから、時折、ランドセル持って、「ここの駅通るとき大変やねん、次はこうしよう」とか言ってるから、行く気はあるんやと思って。

南波　うちの子が小学校のときの不登校のときは、「校門まで行ってみよう」の日を作ったり。「校門まで行ける？　校門をタッチするだけ」「ああ、行けるよ」って行ったり。放課後デイの先生で朝時間がある先生がちょっと一緒に行ってくれたりしてて。私ばっかりやと反抗するから。このままで行けましたよ、先生にバイバイ言って帰ってきたよ、とか言ったり。そこから「次、保健室行ける？　保健所で寝てたらいいわ」って言って保健室行ってみて。ほんでまた帰ってきて。何回か保健室行ってたら、友達がひょっこり来るように先生が仕向けてて、ひょっこり友達来たら、ワーって喋って。で、「給食の時間やから食べに行こうや」ってなって、教室戻れました。そこからからまた行けるようになった、みたいなのがあって。そういうゲームみたいな、なんやろな…。

川瀬　スモールステップやね。

南波　そうそう、スモールステップ。それをやってた。

濱田　1回言ったことあるけどなあ、行けへんって…。「時間のムダ」って言われた（笑）

南波　賢いわー。ちょっとかしこすぎて…。

濱田　「そんなことしてるんやったら家で漢字ドリルやっておいた方がマシ」とか言われたら、「あっ、そうですか…」って。

南波　すごい好きな先生とかおらんのかなあ？　おったらいいのになあ…。

濱田　「先生は全員理不尽」って言ってる。

川瀬　一緒や、娘もそれ言った。口で言うてることと、体感覚みたいなのが全然違うから気持ち悪くなるんやって。なんか、おぇーってなってきて。

濱田　「ちょっと笑ってたら『今日学校どうやった？』って先生聞いてくるけど、そんなん『楽しかった』って言うしかないやろ？答えは」って。「だから『楽しかった』って言ったら先生本気にしてる」とか言うねん（笑）。「今日はどうやった？って聞かれたら、楽しかったって言うしかないやん、他に答えある？ママ。楽しくなかったって言ったら、そしたら次は『なんで？』って。また説明せなあかん」とか…。

南波 心を開ける先生がおらんのもあれなんやな、きっとな…。

濱田 友達もいないし。

南波 心を開ける先生がおったらな、いいねんけどなあ。

川瀬 中学の時は、先生は全員なんか嫌やけど、友達が楽しいから行く、みたいなんやったなあ…。

南波 うん、うん、そんな感じやった、中学校の時…。

川瀬 支援級〔特別支援学級〕の先生がさ、娘にすごい過干渉になってきて…。

濱田 それが迷惑やねんな、たぶん…。

川瀬 そうー。それで、私も言いに行ってんけど、なんか「あの子のためにならないんです」みたいな、もうずーっとこんなんやから…。

濱田 言い過ぎ。おくちチャック。もう全員やな、おくちチャック！

髙橋 もう言わんとこ。

川瀬 親が言うてないのに…。

濱田 ついこの前、保育頼んだときも、前もって「この子の人が嫌いで、聞かれるのもすごく嫌がるし、だから何も話しかけないで欲しいです」って言ってるのに、「私が先生。怖いよね、

怖いよね、話しかけられたら、怖いよね、おはよう、おはよう。なんか嫌やね」って。だから
それが嫌って言ってるねん、みたいな。どんどん一歩ずつ近づきながら言ってくるからもう、
逃げちゃった。

川瀬　先生もどっかで、私ならいけるかも?みたいに思う先生もおるやんな。

濱田　プロやしっていう…。

川瀬　そうそう。支援級の先生はこんなにも私が言ってるのに、こんなにも、こんなにも、こ
んなにもってなって、もう反抗しまくるからさあ。

南波　なんか年配の先生があかんねんな…。

川瀬　まあまあ年配。

南波　なんか若い先生の方が心を開ける感じやったわ。高校のときも小学校のときも。

川瀬　でも、おじいちゃん先生で好きな先生いるって言ってたなあ。「私はな、年齢じゃないね
んで。ちゃんと人を見てるからね」って（大笑）

濱田　やっぱりね、子どもが賢いわ（賢いなあ。見てる、見てる！）

川瀬　「若い先生がいいとか女の先生がいいとか。そんなんで決めてないねん私」って。

●サポート活動に仲間がいること

――全国にいる、サポーターさんは６００人に達していて、顔も知らない人たちがね、いろいろ物を送ってくれる。そのサポート品を発送するときにね、ママさんが思いを込めてママさんをサポートする。支援者が支援するっていう関係じゃなくて、ママさん同士の助け合いの関係みたいなのがシンママ応援団の大事なところなのかなって思うんですが、その辺はどうですか？ サポートに関わろうと思ったきっかけとか…。

川瀬　娘が高校行ってなかったから、寺内さんがＺｉｋｋａ〔シンママ大阪応援団の拠点〕に何回か泊まって。娘が先に来るようになった。家から出てないから、寺内さんに連れ出してもらったみたいな感じ。そこから私も来るようになってみたいな。

南波　最初の頃にお料理作る会とか、心理学を勉強する会とか行ったりしてて。ＢＯＸの作業もよかったら来てみてねって言われたから、もらうばっかりじゃなくて、行ってみようかなと思って行ったら、そこでみんなと喋れるし、なんか楽しいし。で来るようになったんかな。

濱田　助ける・助けへんとかじゃなくて、やっぱり「仲間」っていう意識やね、やっぱり一緒にいたら。何だろう、普通に話せるというか…。

南波　なかなかね、地元のシングルマザーの人って、実家にすごい助けてもらって裕福で。〔子どもに〕障害とかもなくて、あんまり深い話とかできないんですよ…。こっち来たらみんなすごい苦労してるから普通にＤＶの話もできるから。

川瀬　そうか、ＤＶとかモラハラとかを経出して離婚してない人とかやったら、「何の話？」ってそれぐらいの温度差があって言われへん（言われへん、言われへん、言われへん）

濱田　実家の妹は死別〔のシングル〕で、やっぱ言われへんねん。ひどくてな、ひどくてなって言っても、〔妹は〕すごくいい感じで大好きやった旦那さんがもういなくなったっていうのでさ、同じひとり親として認めて欲しくないみたいな。今はそんなことないけど、やっぱりそのときは、私は違う、同じひとり親にせんといて、みたいなのはあったね。だからやっぱりね、「ひとり親の集い」みたいなんでも、あんまり話が合わなかったり話せなかったりとか。

川瀬　それぞれな、事情があるもんな…。

髙橋　発送作業に来るようになって、だいぶ年月経ってきて。すごい楽しくて、何か自分の居場所みたいになって。それまで私も精神科に通って話したりとかお薬もらったりしてたけど、ここ来るようになって、何かこんなん、あほらしなって、まあいいわって精神科に行かんようになったし薬も飲まんようになったし。で、今は、発送作業とかで、いろんな人と話したりいろいろやったりして、だいぶちょっと上がって。

南波　元気になったね…。

髙橋　もう病院も通われんでいいようになって。本当だからすごい救われます（すごい！）

濱田　そうやなー。私もコロナの前か、引っ越してきたのは、こっちに。近いから手伝いに来てとか、手伝いに行きましょかとか、その関係から入ってきての今やけど。ほんま楽しいよね。余計なこと考えずに過ごせて、ほどよい疲れで、寝れる、みたいな。

髙橋　やった後の満足感もな。

濱田　満足感、勝手に感じております（笑）

●見ず知らずの人が応援してくれる世界観を知って

川瀬　全然見ず知らずの人にお金を出してくれはる人がおるとかっていうのは、すごいなんか、そういう世界観って私知らんかったなと思って。ここに来るまでとか、離婚したての人とかってめちゃめちゃセルフイメージが低いから、自分のその将来をもう決めてしまって、「もう私はこんなもん」「シングルやからこんなもん」みたいなふうに私も含め思ってたから。なんかその気持ちとかを払拭したいなと思って。

で、私はもう「絶対に支援する側に行くぞ」ってずっと決めて、それが目標に思えたのがすごい自分の中で大きかったんですよね。だからシングルの子どもやから我慢させなあかんとか、将来を諦めなあかんみたいな子が増えないように、絶対なにか活動していきたいなみたいなふうに思えたのがすごい良かったですね。

濱田　確かに、ある…。

――こうやってね、シンママさんたちが同じような苦労されてたりとか子どもに対して深い悩みを抱えていたりっていうのが共有されたりとか、寺内さんが「ＢＯＸ届いたママさんからのメッセージです」ってＳＮＳでいつも発信しているから、私もいつも読むんです。別に顔見知りじゃなくっても、発送作業に来てないママさんでも、サポーター通信とか読んだりして「ひとりじゃない」みたいこと、伝わってたらって思って…

川瀬　そういう場を作りたいなと、私も（ほんとやねー）

濱田　寺内さん、ＳＮＳにＢＯＸもらったママの声、上げてくれはるけど、私らのスペシャルボックス作業のグループチャットには、サポーターの誰々さんが振り込んでくれましたとか、そういうサポートくれましたとか、逆のをほうを知ってるわけですよ。扇風機持ってきてくれたよ、文房具持ってきてくれたよとか、こういう食べ物持ってきてくれたよとかっていうのを聞いて、あぁ、こういうのをしてくれる人がおるんやなとか。名前も知らない人が、寺内さんが発信した「何々欲しい」のメッセージに、こっちの人からその通りのものが来てるっていうのをずっと見てるから、なんかすごい関係の場所やなって。

　私が初めて受け取ったＢＯＸは、全く会ったこともないのにサイズが合うものとか、子どもが喜ぶものが入ってて、「なんか、私のこと知らんのに知ってるんかな？」みたいなね。やっぱり考えて作ってくれたんかなって思えたら嬉しいし、同じことして返したいなって。

川瀬　子どもらにも、そうやって育ててもらってる、私だけじゃなくていろんな人の支えがあってそうなってるから、あんたらもそういうふうなことをできるようになったらいいねって言ってる。

●世の中には見ず知らずの姑が多すぎる

――りんさんはどうですか？　大阪に来て…。

りん　いやー、「ほんまにー」（爆笑・拍手）

川瀬　もう大阪弁、大丈夫や。

りん　「ほんまに？」（拍手）　初めて発送作業に行ったときのことをもう忘れられなくて。髙橋さんと南波さんがいたんですけど、なんていうんだろう。最初は人見知りとかしてたけど、一緒に昼ご飯食べたときに、いろんな話ししたけど、なんていうんだろうな、偏見なく接してくれるように感じたんですよ、自分は。

今までだったら散々言われてきたのが「お母さんっぽくない」とか、「何か虐待しそう」とか。やっぱり若くて産んだことが…。

川瀬　そんなこと言う人おるのー!?

りん　妊婦健診でも、「産むんですか？　産むんですか？」って何回も聞かれて。

川瀬　マジで？　「おめでとう」じゃないの？

りん　言われたことない、「おめでとう」なんて。そうそう。「育てられなさそう」とか「ミルクの作り方わかる？」とか嫌味言われたりとかしてたから。構えるではないけど、こういうこと言われたら…って。なんか世の中の人ってやっぱり自分も育児してきたしっていうプライドがやっぱあるんですよ。私は思います。だから自分がやってきたことが自分の育児方法だから、それとちょっと違うことやってると、「それはおかしいよ」って感じになっちゃうんですよ、どうしても。なっちゃう人も多いし。

みんな経験あると思うけど、姑さんが多い。全然見ず知らずなのに、いちいち言ってくる人が多い（言われたなー、私も！）。「日焼けするでしょ、紫外線が」とか散歩するだけでも。だから、〔発送作業後のランチで〕ママ同士か…ってなったときに、何言われるんだろうとかなった時に…。

髙橋　焼き肉美味しいね！とか（笑）

南波　子どもの愚痴とか。もうかなわんなーとか言って（笑）

りん　「若くて産んで…」とか言ったら、「えぇー、ほんまに。へぇー、そうなんや。大変やったなー」（爆笑）

髙橋　お箸に集中してるねんて。聞いてるのか聞いてないのかわからん。

りん　あ、あ、そんな感じでいいんだって。こっちも自然といろいろでてきて。「いま、いろいろあってー、何かこれからの学校とか行こうとしてて…」「あー、そうなんや、そうやなあ、若いから。まだ若いからー」とか。「ええやん、ええやん」みたいな。

南波　「若いから、なんぼでも行けるー」ってな。

りん　今までの「若いからあんた何もできない」じゃなくて、「若いから未来がある」みたいな感じで2人があっけらかんとしてくれるから、それが本当に嬉しくて。

濱田　あんまりね、深く考えてないねん。みんな自分の食べることに集中してて（爆笑）。真剣に聞かんでもいいし、真剣に答えんでもいいし。作業するときに普通に喋ってるように見えて、全然かみ合ってないから、大丈夫。みんながそれぞれ言いたいことが言葉で口に出てるだけ。だから、真剣に聞かんでいいねん。

りん　それがすごい心地よかったし…。

南波　よかったー。

りん　携帯で毎日日記書いてるんだけど、みんなの名前もみんなと話したことも忘れないように残してて…（えー、すごい！）

りん　全部一人ひとり、名前も知らないあの女の人とか。すぐ忘れっぽいから、それをやって記憶に残そうとして。それぐらい嬉しいし…。
南波　いいね、そうやって後で見たら元気になるよね。
濱田　1個だけ真剣に聞いてほしいことがあんねん。年取るとな、時間経つのが早いねん。思わへん？　私すごい実感しててん。小学校のときとか中学校のときとか、ほんまに時間経つのが遅くて、早く大人になりたいとか思わへんかった？
りん　思ってた。
濱田　それがな、驚くほどに早いねん、時間経つのが。だから楽しんだ方がいいよっていうことを言いたい。もう、できるんなら今から。ほんまにな、もう1年終わり?とかなってるから。
りん　若い？　若くないけどね、前から言ってるけどね。
川瀬　何歳なん？
りん　24（若っ！）
南波　24かー。でも大阪には若いママがいっぱいいるからさ。
濱田　いっぱいいる。若いママも若くないママも、いろんな人がおる。
川瀬　おかしな話やで、うちらの親って24、25で産んでるやん?みんな。今やったら、24やったら、えらい若いって言われる。
南波　そう、普通なんよ。

川瀬　だから人って見たいものしか見ないんよ。

濱田　そうそう、毎年さあ、「今年の夏は暑いな」とか「今年の冬は寒いな」って毎年言ってるのと一緒。24歳、私に比べたら若いなと思ったらもう若いっていいなーって。なんかね、私も29年も子育てやっとったら、いろんな人に出会ったなって思う。いろんなこと言われたし。最初の子の時、17歳やったから保育園の中で一番若いママやって。で今度、末の子産んだのが36。周りほぼ自分より若いママやから。「〇〇ちゃんのママっておばあちゃんやから」とか言われたことあるんやって。「〇〇ちゃんのママはシワがいっぱいあるから」とか。でも長男のときは一番若いママやん？だから、何かそこでもすごいいろんなことあったなって。

この前、娘に「ママ、もうだいたい50歳やんかー？」って言われて。「もうすぐ50歳なんかー」って言ったら「ママ、まだ40代やろ？若い若い」って言ってくれて、「そうやんなー、若いなー」って。だからもうあんまり深く考えんでいい。やっぱりそれも。全て。

りん　歳も？

濱田　歳もやし。だけどやっぱり時間経つのは早いし、だから将来これしたいなーとか、あれしたいなーじゃなくて、今できるならやった方がいい。やりたいことはあとに置いておくんじゃなくて。

南波　そう、若いときにいっぱいできたら、そこから歳いってから続きとか、なんかいろいろできるし。

濱田　そうそう、落ち着いたらしようとか、お金貯まったらしようとか思ってたらいつまでたっても10年後も20年後もずっと「落ち着いたら」って。いつ落ち着くんー？ってなるからさ。やっぱり今何かやりたいなと思ってそれができるんやったら、もうやった方がいいと思う。

りん　こういうのは絶対聞いておいた方がいいんですよ、人生の先輩の言葉って（大笑い）。マジで。だってね、あの男と別れた方がいいよって、実際それが良かったりするもんね。ホントにいいお話聞けたわ。

――子どもの立場と親の立場と、両方の話が聞けて…。

りん　だから、何かが報われた気がして、今。（あぁー！）親側の言葉を聞いていたら。

濱田　私が知る限り、りんちゃんのこと応援してない人、ゼロやで。みんな応援してんで。

りん　照れるー！　こういう感じ。多感な時期だから今。

濱田　っていうか、ごめんやで、めっちゃごめんやけど、若いから若いからって言うけど、同じ仲間やと思ってるから。

りん　あー！　だってみんな若いもん！

濱田　あのおばさんたちと思うかもしれへんけど、一緒に。

髙橋　同年代みたいな感じで思ってる、ごめんな！（笑）

濱田　若いからってわかってんねんけど、同じ仲間から、同じママやし、っていうふうにしてるから、時々一緒にせんといてって思うこともあるかもしれないけど、

りん　いやいやいやいやいや。たぶんそれはないですよ。逆に食い込んでもいいのか？っていう…。

川瀬　それは、もうどんどん！

濱田　大丈夫、都合悪くなったら、頭の中、食べもののことでいっぱいになるから。

●もしお金と時間があったらしたいこと

濱田　私ねー。めっちゃ一人で寝たい。一人で広々寝たい。上の子29になったから、子育て29年もやってて。一人で寝たことがない。

髙橋　〔やりたいこと答えるのって〕親の方がめっちゃ難しいんですよ。何もないんです、ハハ…。もう趣味もないかな。これ聞かれると一番困るんですよ、私。

濱田　私は旅に行きたいわ！ひとりで。

南波　私も50超したら、考えるようにはなったよね。

髙橋　そうやな、考えなあかん…。

南波　今後どうしようかなって。この子とずっとおっても、あれやし…。これはちょっと楽しく過ごそうと思って。そのためにお金も貯めなあかんけど、なんかちょこちょこやっとこうかな、

今からと思う。自分の好きなことを。時間とお金があったらか…。ないからなあ…。えー…。若いときにやってた趣味とか、諦めて今、生活だけしてるから、それの好きなことをやりたいとか、もっと勉強とかもしたかったから、それをやりたい。

——若い頃は何を…。

南波　そうね、趣味って若い頃は何してたかな…、油絵やったり…（おぉー。いろいろやってる！）いろいろやり過ぎて何もできない人で。歌習ったり、作るのが好きで、いろいろ作ったりしてたんですけど。英語を勉強してたけど、何か他のことでできなくなったから、もうちょっと英語勉強したいなとか。それして何なんねんっていう話やけど。

髙橋　で、子どもに言うねんやろ？「勉強しとけー、英語」って。

南波　そうそう、「こんな国は捨てやなあかん、英語勉強しときー、ママ着いていくからー」（着いて来るんかいな（笑））。母が住みたいだけやろ外国に、みたいな。

なんか結婚せなあかんってなって結婚したから、ほんまは、もっといろんなことやりたかったのになあ、みたいな…女の人は。男の人はさ、ゴルフやったりいろいろ楽しそうにするのにさ、女の人はもうできなくなるじゃないですか、特にシングルだと。今もたまにテニス安いから行くけど、呼んでくれたら。

濱田　でもやっぱり、何かやりたいことを考えたときに、「一人って寂しいな」って思ったことはあって。いつも寺内さんに聞いてたやん?。映画に一人で行くなんて、私そんな寂しいこと嫌とか、一人で飲みに行く、一人でご飯食べに行く、なんか一人で遊びに行くっていうのが、よく意味がわからなくて…。京都なんかお祭りを昼間とかにやったりするじゃないですか。ほんなら年配のご夫婦が手を繋ぎながらお祭りいったりしてるの見たら、いいなぁとか、寂しいなぁ、私はもうこの先ずっと一人なんかなぁって思ったら、すごく切なくなったりとかしたけど、あの、寺内さん見てたら、めっちゃ一人楽しんでるんですよ(うんうん)。で、一人で今カフェ入れるようになった。映画はまだ一人では行ってないですけど、行こうかなっていう気にはなってる。あ、でもコンサート去年一人で行った。なかなか一人って楽しいなとか。思ったら、いろいろやってみたいことが増えているかもしれへん。やりたいことがわからないから、いろいろ試してみたり。

南波　子どもはあんまり見て見ないようにして、楽しいことを探したらいいんじゃない?

濱田　まず一人暮らししたりしてみたいし。

濱田　知ってる? 一人飲みの人めっちゃおるやん? ネットで見ても、今度の週末は一人飲み行こう、みたいなブログに出会えたりとか。天満なんかお昼から飲めるから、ハシゴしてるのとか。それも楽しみにしてる。寺内さんも一人飲みしてはるやん。

南波　私なんか友達が早くに結婚しちゃって、みんな子どもとかできて何か置いてきぼりを食ったのね、だから一人で遊びに行かなあかんかったんよ、20代後半から30ちょっとくらいまで。それで一人でいろいろできるようになったかな。ほんで、同じように一人で遊んでる子と友達になったりとか、習い事のところでとか。別に一人でもいろいろできるようなったし。たまにでも、寂しいなとかは思う。思うけど、まああできる。

濱田　私、一人の経験がないやん？　きょうだい多いし、元旦那と出会ってるの14の時で、17で産んでるやんか。そこからずうっと子育てしてるから…。一人の時間がなくて、だからもう思い込みやね、一人では何もできない。でも一人がうらやましいとかいうのもあるんかな、たぶん。その一人がわからないから。でもなんか、楽しい一人の人もいっぱい知ったから…（うんうんうん）

●シンママ応援団につながって変化したこと

濱田　シンママ応援団と繋がって変化したことって、やっぱり、いろんな繋がりと知識やろなー。

川瀬　そやねー。

南波　なんか安心感とかね。

濱田　大丈夫って思えるのってすごい…すごいエネルギーになるし…。

川瀬　大丈夫は大事やなー。

濱田　寺内さんから1時間前に、〔インタビュー終了は〕「何時が目処でしょうか？」ってチャットが…（爆笑）

――もう2時間くらい話してます？　2時間半！

りん　取れ高、大丈夫ですか？

――いいお話聞かせてもらって。みなさん、どうもありがとうございました。

座談会を終えて～仲間との語り合いで紡がれる言葉

砂脇　恵

座談会に参加したママたちは、みな元パートナーからのＤＶを経験し、命と暮らしを守るために子どもを抱えて逃げてきた女性でした。ママたちがＤＶの被害・苦しみを訴えた時、返ってきたのは、このような言葉でした。

・「**どこでもあるよー**」「**ちょっとぐらい暴言吐かれても**」
・「**いいお父さんやないのー**」、「**反省してるんやって、酔っぱらってて覚えてないんやって**」
・「**我慢が足りへんからや**」「**育児に向いてへんからや**」「**家のことができないからや**」
・「**いつも自分（夫）が我慢してたのに**」
・「**もう、それぐらいで観念しておいたら？離婚できへん**（調停委員より）」

このように、世の中には加害を正当化する言葉があふれています。他方で被害者の痛みや苦しみに承認を与える言葉は少なく、たとえ痛みや苦しみを言葉で伝えてもＤＶ被害者の苦しみは「取るに足らないこと」のように扱われてしまうのです。なぜなら〈認めてもらえる苦しみ／認めてもらえない苦しみを分割する線〉がマジョリティによって引かれているからです。

自らの苦しみを周囲から否認された結果、「**自分に説得して生きてきた**（川瀬さん）」「**自信を奪われてきた**（南波さん）」ママたちにとって、同じ経験をした仲間との語り合いは、自らの苦しみを定義する権利を取り戻し、自身の尊厳を守るためにとても大切な営みなのです。

お菓子とコーヒーを囲みながらの座談会は、大阪弁と笑いが飛び交い、優しさに包まれていました。ひとりひとりのママの語りに、「そう、そう！」「ほんまや〜」「わかる〜」と否定せず聞いてくれる場、理不尽な扱いに一緒に怒ってくれる場。そのような場があるからこそ、うまく表せないことが言葉に紡がれていくのだと私には感じられました。「**世の中には見ず知らずの姑が多すぎる**（りんさん）」は、ホームラン級の名言です。

そうした言葉のなかから、私が印象に残った語り合いにふれたいと思います。

●「子どもに対する…、この罪悪感っていうのは、何か違うなって。…苦労はなんぼでも乗り切れるけど、この罪悪感はたぶん私一生消えへんねやろうと思う」（高橋さん）

高橋さんは幼い頃から息子さんを可愛いと思えず、ひどい虐待をしてきたこと、そのことへの罪悪感を語りました。他のママたちもそれぞれに子どもへの「罪悪感」をかかえつつ、〈母親は絶対的な愛情を子どもに注ぐべきもの〉という母親規範とは別様の、ママと子の関係を思い思いに語っていきます。

髙橋さんと同じく、子どもの不登校の経験があった南波さんは、「**でもほんまに不登校ずっとやられたらほんまきついわ**」と共感しながら、髙橋さんの息子について、「**ピタッとくる居場所**

があったらたぶんちゃんといろいろやるんやと思うで、…今日も…頑張ってた」と、親以外とも結ばれるであろう息子さんの世界へと目線を広げていきます。

川瀬さんからは、家を出て、自身が最も余裕がなくピリピリしていた時期に、不登校を責めに責めた結果、夜の無断外出をしたわが子に対して、「なんでこの子こんな自分のことを大事にできへんくなったんやろと思ったら、私がこの子のこと大事に思えてたかなって思ったら…「ごめん」っていう言葉がもう勝手に出た」ことを語りました。そこから関係修復、子どもから「しんどそうやって、見てたら…それを言ってくれへんことが一番つらいって言われた」という経験を語りました。

20代のりんさんは子どもの目線でこう語ります。「いろいろ山あり谷越えてきて、なんか、そこに対して子どもに『私のせいで』とか、『もしかしたら、あの時産まなければこんな思いさせなかったはずかもしれない』とか思うかもしれないっていうのを今聞いて…乗り越えるのは子どもたちで。乗り越えきれなくてもその子のことで。なんていうんだろう、言葉にするのが難しい。…母の責任というより、子の選択。だから、そこに対して誰もその選択を否定する権利もないし、肯定もしなくていいっていうか。子の全力の選択だから、生きていくための。母親が自分を責めないでー」と。りんさんの語りには、子どもに対するママの自責感を母とは別人格の子どもの立場からとらえ直し、帰責性を解除していく視点が含まれています。

そして、これらのやりとりを分かち合いながら、子どもへの罪悪感（自責感）が捉え直されていきます。濱田さんは、こう語ります。「『しんどそうなお母さん見てるのが一番つらかった』って…。**『お母さんが働き出してもすごい嬉しかった』**って、**『安心した』**っていう言葉をもらったから、**子どもそういう感じで見てるんやなって。そこで寺内さんが言ってることと繋がるわけ。寺内さんは『なんか自分が楽しいことをせなあかんよ』とか、『自分のためにせなあかんよ』っていうのがあって、うん。聞く話と、実際子どもが言ってるのが一致して、あぁ、そういうことか…。だから別に子どもに申し訳なさを持つ必要ないんやなとか**」

シンママ応援団が、〈ママを幸せにすることが子どもを幸せにする〉を最も大切にしてきたことの理由が、ストンと腹落ちした瞬間でした。と同時に私も、母親規範という「圧」に苦しみを感じ生きている、同じ女性のひとりなんだと気づかされ、少し心が解放されたように感じられたのです。

同じような境遇にあったママ同士が苦しみを共有する場の意義とは、第一には、個人の苦しみが仲間に共通の苦しみであることに気づき、「ひとりじゃない」と思えるようになることにあります。第二に、ママたちが自分自身を語る言葉を作り出していくことによって、社会に支配的な価値観とは別様の、ママそれぞれの物語が紡がれていくことにあります。ここに自助と母親規範を強いる自己責任型社会への抗い（レジスタンス）の足場が形成されていきます。このことは、ママたちの尊厳を守るうえでとても大切な営みなのです。

第2章

応援団が大切にしていること

1　シンママ大阪応援団が大切にしていること

寺内　順子

1. シンママ大阪応援団のなりたち

２００７年、大阪社会保障推進協議会（大阪社保協）は「大阪のこどもシンポ」を共催で開催しました。まだ「こどもの貧困」という言葉も社会的なワードとして一般化していない頃でした。シンポジストの養護教員が「学校でけがをしても、お父さん仕事ないねん、保険証ないねんと、家に帰っても病院に連れて行ってもらえない子どもたちがたくさんいます」と発言しました。大阪社保協では２００３年以来、国民健康保険（国保）制度を拡充するために様々な運動をしてきたのですが、資格証明書発行世帯（無保険世帯）に子どもたちがいるということにその時まで全く気が付いていませんでした。

２００８年に大阪府内43市町村に対して無保険のこども数調査を実施し発信したことをマスコミが大きく取り上げ報道し、これらが発端となって全国的な大運動となり、２００８年に国民健康保険法を改正させ、子どもへの国保証発行が義務化されました。この２００８年度以降、大阪社保協は、子どもの貧困問題を運動方針の柱に掲げることとなりました。

シンママ大阪応援団は大阪社保協が「子どもの貧困解決には親の貧困解決が不可欠。とりわけシングルマザーへの具体的な支援が必要」として方針化し、２０１５年５月に立ち上げたサイト名です。シンママとは、シングルマザーのことで、若い人たちがそういう呼び方をするとのことで検索しやすいようにシングルマザーではなく「シンママ」としました。

当初はメールで寄せられてくるであろう相談にこたえ、必要であれば役所への制度申請手続き同行をする、関係団体を紹介することなどを想定していました。しかし、実際にお会いし、離婚や借金などを解決したとしてもサポートがずっと必要であること、何よりも想像以上の困窮状態であることから２０１６年11月から米をはじめとする食糧支援（スペシャルボックス事業）を核としたサポートへと変化していきました。

その後、活動や財政規模が大きくなり２０１８年３月に一般社団法人化し大阪社保協から独立。現在、熊本応援団（一般社団法人）、福岡応援団（任意団体、２０２４年３月に発展的解消）があり、常に連携しながら活動を行っています。

2．主な活動について—コロナ禍（2020年）以降の活動について

コロナ禍の中で活動が一変～現在はスペシャルボックス（食糧等支援）事業を中心に

シンママ大阪応援団は２０１５年の活動開始以来、相談や生活支援、さらには親子旅行やハ

イキング、拠点Ｚｉｋｋａ（実家）でのこじんまりとしたごはん会やお泊り会などを中心に約60世帯ほどのサポートを行ってきましたが、２０２０年３月以降コロナ禍の中で状況が一変しました。

「三食のごはんが食べられない」「家に食べものがない」「子どもたちが痩せてきている」「子ども優先で母はご飯を食べていない」…悲鳴のようなＳＯＳメールが２０２０年３月以降、サイトを通じて続々と届くようになりました。

現在、全国（九州はのぞく）の約２００世帯５５０人への食糧・日用品等送付事業（スペシャルボックス）を中心にサポートを行っています。２０２０年２月が61世帯だったので、１４０世帯以上はコロナ禍後に増えた世帯数といえます。２００世帯のうち大阪府在住が全体の7割、大阪市在住が全体の3割です。

スペシャルボックス事業（食糧日用品等送付事業）

この事業は約６００人の全国のサポーター（シンママ大阪応援団を応援してくれる個人の方々）からの寄付と各種助成金、そして大阪のパルコープ子ども食堂フードバンクとよどがわ市民生協からの大量の提供品をもとに行っています。

スペシャルボックス事業は２０１６年11月からスタートしましたが、コロナ禍の中でＳＯＳ

スペシャルボックス発送数実績

	2016年	2017年	2018年	2019年	2020年	2021年	2022年	2023年	2024年
1月		8	40	57	60	126	174	264	240
2月		8	41	58	61	132	240	211	220
3月		9	42	56	78	138	210	208	210
4月		9	45	59	81	126	200	204	198
5月		10	47	57	110	128	210	215	194
6月		17	47	57	103	134	200	197	193
7月		22	48	56	98	138	190	211	195
8月		24	50	59	110	163	210	205	195
9月		27	50	60	111	163	200	210	194
10月		32	51	61	106	170	200	210	200
11月	6	33	53	62	117	180	215	235	
12月	7	36	56	63	124	191	215	250	
合計	13	235	570	705	1,159	1,789	2,464	2,620	2,039

が一気に増えました。送付数の推移は上記一覧表のとおりです。２０２０年３月以降がコロナ禍ということとなります。

２００を超えて大きく増えている月はコロナの波の時期で公的な食糧支援につながらなかったことが影響しています。コロナは子どもから感染することが多いため、シンママ世帯はその感染から逃れることができません。さらに困窮しているシンママ世帯は、ストックがなく、ぎりぎりの食材でその日その日の食を賄っているため、買い物に行けなければすぐに家に食べ物が全くないという状況になります。

２０２２年夏頃からは物価高が直撃しさらに困難な状況となっています。夏の暑い中でも冬の寒い中でもエアコンを一度もつけないで過ごす。お風呂の水を替えない、トイレは一日一度しか流さない…

そうした声がたくさん届きます。シンママ世帯の困窮ぶりは想像を絶します。毎月スペシャルボックスが届き、お米が確保できていることで「来月も死なずに済む」。そういうママはひとりや二人ではありません。

2023年5月8日以降、コロナ感染症は五類に格下げとなり、コロナ対策としての制度が全くなくなってしまいましたが、コロナだけでなくインフルエンザ等感染症の広がり、さらには物価高によりますます生活苦が進行しています。2023年11月〜2024年3月までは「コロナ・インフルエンザ・物価高対応緊急スペシャルボックスを一回限りですが送付します」とサイトに上げたとたん、連日メールでのSOSが届き、発送数が多くなりました。3月末に「コロナ・インフルエンザ・物価高対応緊急スペシャルボックスを終了します」とアップした後は食糧支援を求めるメールがぱたりと止まりました。いかに食糧支援を求めて検索しているママたちが多いか、そしてシンママ大阪応援団のサイトが見られているかを実感しました。

高校生大学生のためのオンラインサポート

コロナ禍により大きく変わったことがあります。学校現場のオンライン化です。

2020年3月にあらゆる学校が一斉休校となり、オンライン授業がはじまりました。義務教育である小中学校ではノートパソコンやタブレットの配布、Wi-Fiのレンタルなどもありましたが、高校生や大学生は放置されました。

オンラインをするためにはスペックのいいノートパソコンとＷｉ‐Ｆｉ環境が必要となり、さらにプリンターも必要となります。こうしたものをすべて購入するためには多額の費用が必要となり、困窮世帯には高嶺の花です。しかし、オンラインが使えないがために、学習の機会が奪われ、さらには受験、進学、就職活動にも支障があり、困窮世帯の子どもたちはありとあらゆる機会のスタートラインにさえ立てない状況となります。

シンママ大阪応援団では２０２１年度から「高校生・大学生のためのオンラインサポート事業」を開始し、これまで18人の子どもたちにオンラインのためのスペックの高いノートパソコン（動画などもみるために大学から高スペックパソコンが推奨されている）＋ポケットＷｉ‐Ｆｉ３年分の通信料＋スキャナー付プリンターを給付しました。この事業には助成金が全くつかないために、独自財源（サポーターからの寄付）を原資として実施しました。

２０２１年度美味しいスペシャルボックス事業―総計１１０３箱送付

ＷＡＭ助成金を原資に毎月障害者福祉事業所で「美味しいスペシャルボックス（お菓子の詰合せ）」を作っていただき1カ月１００世帯程度、1年間にわたって発送していただく事業です。その時、必ず事業所の事業内容や障害者福祉サービスの紹介等のパンフレットをいれていただきました。送付先は、大阪・熊本・福岡の各シンママ大阪応援団、シェアリンク茨木、NPO法人ZUTTO、宮城の女性と子どものサポート団体miaforzaなど連携団体で、総計1103個のお菓子の詰め合わせを届けました。

ママのためのZOOM講座を開催（熊本応援団・福岡応援団にも配信）

困窮しているシンママ世帯がコロナ禍の中で一層孤立し、様々な情報からも取り残されていることから、オンラインを使って「ママのためのZOOM講座」を連続開催しました。内容は奨学金・教育費、借金解決、障がい者手帳・障害年金、性教育、法律問題、政治・選挙、子育て、歯の話、思春期教育問題、性教育、看護師になるために、社会保障制度など様々なテーマで、19回の講座に延べ172人が参加しました。

2022年度シンママワークサポート事業

こどもの未来応援基金助成金を原資に、2022年5月から2023年2月まで、20回のパソコンスキルアップ研修を実施しました。内容はノートパソコンを貸与し、システムエンジニアの方を講師にマイクロソフトのワードとエクセルテキストをもとに学び、MOS（マイクロソフト・オフィス・スペシャリスト）資格試験合格をめざす研修。働きながら家事をし子育てする中で勉強時間の確保はなかなか困難を伴いましたが、参加した15人のママさんたちのうち10人が見事にMOS資格を取得しました。その後就職活動や転職に成功したり、非正規から正規職員になったママさんたちがいます。

拠点Ｚｉｋｋａ（実家）運営事業

２０１８年3月、大阪市内の３ＬＤＫマンションを借り上げ、拠点Ｚｉｋｋａ（実家）として運営をスタートしました。普通の「家」であり、みんなの「実家」です。代表の寺内が寝泊まりしており、管理人のような位置づけです。

これまでＺｉｋｋａでやってきたことは、相談会、勉強会、ごはん会、お料理教室、お泊り会、お誕生日会、緊急一時保護、産後ケアなど様々で、とにかく、何でもできる場所がＺｉｋｋａです。原資はサポーターさんからの寄付です。

ステップハウス事業

シンママ大阪応援団には「夫・パートナーのＤＶから逃げたい」という相談が非常に多いのですが、ＤＶから逃げてくるためには、逃げ込む場所が必要です。

２０２４年5月からパチンコ・パチスロ社会貢献機構（ＰＯＳＣ）助成金を原資に大阪市内

の２ＤＫマンションを借り上げステップハウスをスタートしました。このステップハウスはＤＶから逃げ込む先です。着の身着のままで逃げたその日から暮らせるように、家電家具が揃っていて家賃・光熱費も不要です。

ハウジングファーストという言葉があります。ホームレス状態の女性に、まずは家を提供する、そこから支援が始まるというサポートですが、ＤＶから逃げてくる人たちは、まさにホームレス状態です。

シンママ大阪応援団ではシェアハウスは持っていません。シェアハウスというのは、何人かの人たちがシェアして暮らす家ですが、しんどい人たちが、一緒に暮らすのは無理だと考えているのでステップハウスはシェアハウスではなく、一人、または一家族のみ暮らす家です。ステップと名付けているのは、次に進むための一時避難の場所という位置づけで、次のステップまでは概ね２カ月間と考えてはいますが、状況に応じて長くなったり短くなったりとフレキシブルに運営しています。

ママのためのお誕生日ケーキプロジェクト

２０２１年度の美味しいスペシャルボックス事業は各家庭に障がい者福祉事業所に作っていただいた美味しいお菓子の詰め合わせを購入し贈る事業でした。その中でも、ホールの冷凍チーズケーキを送っていただいた時の反響が大きく、何人ものママさんから「誕生日ケーキ」を思い浮かべたとのメッセージがとどきました。

シンママ大阪応援団のテーマである「まずはママを幸せにする」「ママを大切にする」「ケアする人をケアする」ことをお誕生日ケーキに象徴させたプロジェクトを２０２４年度からスタートさせました。大阪コミュニティ財団助成金とサポーターさんからの寄付を原資として誕生月にホールの冷凍チーズケーキを障がい者福祉事業所に作っていただき送っていただいています（詳細は後述）。

3. 私たちが大切にしてること――何もきかない、何もいわないサポート

２００９年が「こどもの貧困元年」と言われています。当時の民主党政権が「子どもの貧困率」を発表しました。そのころから「子どもの貧困」の深刻さが表面化し、貧困解決のための施策が急務という流れとなり、民間レベルでの子ども食堂、子どもの居場所づくりなどが一気に広がりました。さらに子どもの貧困対策の推進に関する法律が２０１３年６月26日に施行されました。

「子どもの貧困」は「親の貧困」であり、とりわけ「ひとり親」の貧困が深刻です。シンママ

大阪応援団はその名前の通り、ママをサポートすることを目的とした団体です。「ママが幸せであれば子どもは必ず幸せになれる」と考えています。

SNSの良さ─顔がみえないからいい

シンママ大阪応援団へのSOSはサイトを通じて届きます。多くのママたちは「夜中、眠れないときにスマホでシンママ、大阪、支援で検索した」「お金がいらないかサイトを調べた」「しっかりしたホームページだったので安心した」と言います。やはりサイトに何が書いてあるのかは非常に重要です。

トップページの右上にある「ご相談はこちら」をクリックするとメールを送れるようになっています。名前、家族構成、住所、電話番号を書くようになっていますが、多くの方はそうした個人情報を書かずに送ってきます。ただ、こちらから「お米ありますか?」「食糧・日用品を詰め込んだスペシャルボックスを送りますよ」と書いて返信すると名前と送り先を明記した返信メールが届きます。そしてスペシャルボックスをその日に発送すると次の日には届くのでびっくりしてお礼メールが来ます。

シンママ大阪応援団は、審査をしたり、証明書類(所得証明、児童扶養手当受給者証、ひとり親医療証、住民票など)の提出を求めることはありません。困っていなければSOSを出すことはありませんので、「本当に困っているかどうか」「本当に貧困なのかどうか」などの認定は不要です。スペシャルボックスはサポートへの入り口の位置づけです。ここから長いお付き合いがはじまります。

シンママ大阪応援団は地域密着ではありません。「大阪応援団」と銘打ってはいますが、北は岩手県、南は沖縄県のシンママ世帯をサポートしています。

近くではないから、知らない人だからいいことがあるのです。「ママ友には絶対に相談しない」「貧困だとみられたくない」「近くのこども食堂には行かない。地域の顔役さんがいて、あとで何を言われるかわからない」というママたちの言葉に象徴されていますが、地域の中では困っているように見せない、困窮しているようには見られないように「頑張って」生きているのです。だから、遠くの団体から宅配便で届くスペシャルボックスがいいのです。

ケーキの力

シンママ大阪応援団に届いたＳＯＳでママが大阪近辺に住んでいる場合は会いに行きます。そして、直接相談をお受けするときにはケーキなどスィーツを必ず介在させます。

ケーキにまつわるこんなエピソードがあります。２０１６年11月、ＳＯＳメールが届きました。正式な結婚をして里帰り出産後、戻ってきたら夫が失踪したという若いママさんからでした。

やり取りの中で困窮していて交通費が捻出できないことを感じママさんの自宅を訪ねたのですが、その時に手作りのりんごケーキを2個持っていきました。ママさんはこのケーキを見るなり、私の目の前であっという間に1個ぺろりと食べたのでした。きっとお腹が空いていたのでしょう。その後ママさんがくれたメッセージです。

★あの時食べたりんごケーキの味はきっと一生忘れられません

貯金も底付きかけ明日どうやって生きたらいいのか分からず行き詰まった時、偶然インターネットの検索で見つけたシンママ応援団。役所ですら仕事しないとお金がないと言っても保育園は今は入れませんねの一言で終了。こんなネットで見つけたサイトに相談しても返事なんか来るんだろうかと半信半疑で相談のメールをしました。夜遅い時間にも関わらずメールの返事がすぐに来ました。家に来てくれるとの事でどんな人だろうと少しドキドキしたのを今でも覚えています。家に上がってもらってお話をしている時、寺内さんが手作りのりんごケーキをくださいました。当時本当にお金がなく甘いスイーツなんて買える状態ではなかったので、凄く嬉しかった事を覚えています。甘い物って不思議なくらい幸せな気持ちになるんですよね。その時のわたしは恥ずかしいくらいがっついて食べていたと思います。笑う事なんてほぼなかった頃だったのですが、自然と笑顔になれました。あの時食べたりんごケーキの味はきっと一生忘れられません。

> 毎月頂くスペシャルボックスのケーキも同じで、月に一回届く甘いケーキを食べて幸せな気持ちでいっぱいになるのです。大きくなってケーキを食べられるようになった娘と一緒に美味しいね！と食べている時間はとても幸せな時間です。他の家庭もきっと同じように幸せな時間を過ごしていると思います。それと誰かが作ってくれたケーキというのも凄く嬉しいと感じます。誰かに何かを作ってもらう機会って母親になるとがくんと減ると思います。誰かが自分たちのために作ってくれたケーキってなんだか特別感があるというか、なんというか。上手く言えませんがとてもほっこりした気持ちです。1つのケーキがママと子供達の笑顔に繋がっているとわたしは思います。
>
> 20歳代　ママさん

このように、女性たちにとってケーキは特別なものなのだと感じることが度々あり、ご相談を受けるときには必ずケーキを介在させるようになりました。このママさんはその後応援団を卒業し、いまはサポーターになってくれています。

何もきかない、何も言わない、ジャッジしない――「おくちチャック」

シンママ大阪応援団のサポートの特徴は「何もきかない」「何もいわない」ことです。もちろん「今、何に困っていますか？」と聞き、その困りごとを解決するために動きますが、過去や原因などについて聞き取ることはしません。終わってしまった過去について聞いたところで意味がないと考えているからです。さらに原因について聞くことはジャッジにつながるし、よくある「どうしてそんなことをしてしまったの?」という言葉は叱責にしか聞こえません。言葉は往々にして暴力になってしまいます。言葉を発するものにとっては何気ない一言であっても、受け取るほうにはハラスメントに感じることはよくあります。ですから、何もきかない、言わない。これを「おくちチャック」と表現しています。

スペシャルボックスはサポートの入り口――ことばでなく、物で、行為で「あなたが大切」を伝える

スペシャルボックスは食糧や日用品が詰まった毎月1回届くボックスです。このボックスを受け取るための申請も審査もありません。SOSメールが届けば在庫さえあれば必要なものを箱に詰め込み送付します。ここからサポートがスタートします。基本的にはご本人が卒業されるまではこちらから打ち切ることはありません。2018年2月のスペシャルボックス配布先名簿を見てみると当時58世帯のサポートをしていましたが、24世帯がすでに卒業しています。

スペシャルボックスの中身は均一ではありません。乳児がいる世帯もあれば高校生がいる世帯もあります。子どもが1人の世帯もあれば6人の世帯もあります。コーヒーが好きなママさ

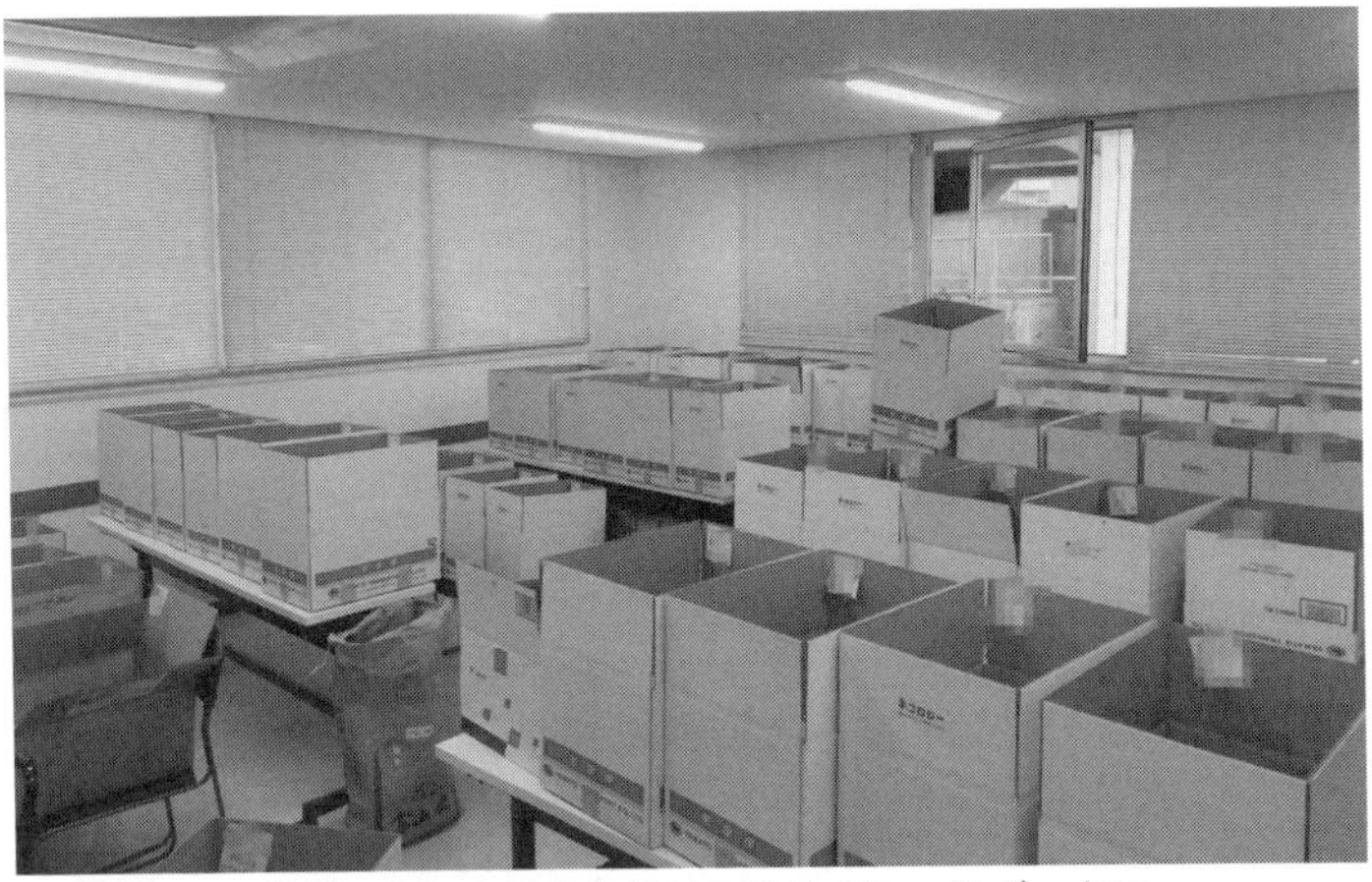

付箋をはって世帯ごとに中身を仕分けしたスペシャルボックス

んがいれば、ビールが好きなママさんもいます。お米よりチンするご飯が欲しい学生さんもいます。世帯ごとに必要なものが違うのでカスタマイズする必要があります。そのために、その世帯ごとに入れてほしい中身を書いた付箋を必ず貼り、それをもとにボランティアさんたちがボックスづくりをします。

　こうしたことができるのは、毎回のボックスにいれるお手紙に「欲しい物、必要なものがあればメールしてください。在庫があればいれます」と書いているからです。ママたちが欲しいものが届けば、また付箋に「○月○日Aさん」と書き取り置きをしておきます。取り置きボックスにはそうしたものがたくさんあり、次のボックスにボランティアさんが入れてくれます。そして受け取ったママたちは「私が欲しいと言っていたものをちゃんと覚えてくれたんですね」「手書きの付箋をみてとてもうれしかった」「私のことを忘れ

られていないと感じてうれしかった」「私はひとりぼっちではないと感じ心強かった」というメッセージが送られてきます。

スペシャルボックスは単に食糧・日用品支援事業なのではなく、ことばではなく、物で、行為で「あなたが大事」を伝えていて、ママたちもそういう私たちの思いを確実に受け取っているようです。

美味しいごはんで「語りだす」

「シンママ大阪応援団のサポートでほかの支援団体のサポートと違うことはなんですか?」

そう聞かれた若いシンママは「美味しいごはん!」と答えました。このママさんはパートナーからの激しいＤＶから逃れるため九州地方から大阪に逃げてきて、拠点Ｚｉｋｋａに避難していました。Ｚｉｋｋａに初めて来たとき「あ～、実家のにおいがする〜」といったので、「実家のにおいってなに？」と聞くと「ごはんのにおい」と。初めてのお弁当をみて「あ〜、これがずっとあこがれていた弁当なのね〜」と。

Ｚｉｋｋａで手づくりの卵焼きを初めて食べたママさんもいました。卵焼きはお弁当のおかずとしてテッパン料理なので、お弁当も作ってもらったことがないのだろうと想像できます。

Ｚｉｋｋａでは今、昼間は受験勉強をしている女性たちが集まってきているので毎日弁当をつくっておいてきます。「弁当おいしかった😭大好きなお芋ご飯で久しぶりに手作り料理食べられて元気回復した🙌ありがとう」とメッセージが届きました。

また、Ｚｉｋｋａではごはん会をよくします。ママたちの好きなものを沢山作ってお酒も飲んで楽しい時間をすごします。不思議なことに、お腹がいっぱいになるとみんな饒舌になり、自分語りをしたり、これまでのことを話し出します。シンママ大阪応援団では「なにもきかない」スタンスですが、こうして話し出す時は、きいているみんながきき上手です。

年末にはＺｉｋｋａで「おせち料理教室」を開催します。黒豆、なます、伊達巻、煮しめ、ごまめ、昆布巻、ミートローフ、黒酢煮豚、栗きんとんなど本格的なおせち料理を一からせっせと、真剣に作ります。この教室に集まってくるのは料理好きなママさんたち。料理教室は手元に注意しながら皮をむいたり、きざんだり、巻いたり、まぜるという作業を一生懸命集中しますが、向き合わずにいろいろと語りだすにもいい機会となります。

点から線へ、線から面へ～かけがえのない友達ができた

シンママ大阪応援団は２０１５年から活動をしているので、今年10年目。２０１７年からコロナ直前の２０２０年までは2月に京都親子旅行、4月にお花見会、5月田植えハイキング、9月ブドウ狩り、12月クリスマス会などの年中行事があり、みんなで集まる取り組みを企画していました。

コロナ禍以降はサポート対象世帯が大規模となったことや財政的にも難しくなったため、現在も実施しているのは4月のお花見会と12月のクリスマス会だけです。そうした中、月末第4日曜日のスペシャルボックス発送の場が「安心できるみんなの居場所」となっています。

10年にも及ぶ活動の中で、ママ同士、こども同士が友だちになっていることを感じます。心がしんどく元気がなかったシンママさんが久しぶりにスペシャルボックス発送ボランティアで来てくれた時はみんなが歓声を上げてハグをしあっていました。また、ママたち同士が浴衣を着てお出かけをすることも。あるママさんは「ここに来ると私は一人ぼっちじゃないと感じる」と言っていました。

点が線になるのはママと応援団の関係ですが、線が面になるというのはママたち、子どもたちがつながっていくことだと考えています。

ケアする人をケアする―ママのお誕生日ケーキプロジェクト

２０２４年度は大阪府コミュニティ財団助成金を原資に「ママのお誕生日ケーキプロジェクト」をスタートさせました。シンママ大阪応援団のテーマである「まずはママを幸せにする」「ママを大切にする」ことをケーキに象徴させたプロジェクトで、ママの誕生月にホールの冷凍チーズケーキをこのメッセージを添えて送ってもらいます。

〇〇〇〇さんへ
お誕生日おめでとうございます。

シンママ大阪応援団のミッションはまずママに幸せになってもらうことです。それはママが幸せならこどもは絶対に幸せになると考えているからです。

だから、あなたにおめでとう。

生まれてきてくれてありがとう。

今日まで懸命に生きてくれてありがとう。

明日からのあなたがもっと幸せになりますように。

そんな思いを込めてお誕生日ケーキをお送りします。ケーキは社会福祉法人フォレスト倶楽部ぱうんどけーき村のみなさんが心を込めて焼いてくださったチーズケーキです。

なにも聞かなくても、人はうれしいと、心が動くと饒舌に語りだします。ママさんからのメッセージを紹介します。

【ママさんからのメッセージ】

お誕生日ケーキありがとうございました。お誕生日の数日前に届きました。娘も私と同じ日が誕生日だったので2人で頂きました。ロウソクも付けてくださって嬉しかったです。ちゃんとした丸いケーキだ～と娘が喜んでいました。同封されたお手紙を読ませて頂き嬉しかったです。私は自分の存在が大嫌いでした。生まれてきて良かったのかとずっと今でも辛く感じる事があります。でも生まれてきてくれてありがとうと言う言葉に感動しました。

……………………………………………………

私あて、誕生日の前に届き、生まれてきてくれてありがとう、ママが幸せになることを応援するということで、うるっときて支えになりました。チーズケーキ、親子3人で分けて食べました。美味しかったです。命からがら逃げてきて、10年、当時小学生だった長女は大学生に、2歳だった次女は中学生になりました。今幸せに暮らしています。

……………………………………………………

こんにちは！　ママの為のお誕生日ケーキ受け取りました。ケーキと一緒にお手紙も入っており、手紙の内容を読んでいて「今日まで懸命に生きてくれてありがとう。」の言葉に涙しました。これまで苦しい事も悲しい事も子供達が居てこそ我慢して頑張ってこられて、シングルマザーになってからも沢山の方に優しい言葉や暖かい気持ちで支えて貰いました。その中でお手紙に書かれたこの言葉は私自身が誰かに一番言って欲しかった言葉だと心の底から熱い気持ちが込み上げています。この歳になって貰うお誕生日ケーキは何だかちょっとくすぐったいような嬉しい気持ちにさせて貰いました。

心のこもったケーキ!ぱうんどけーき村の皆さん、そしてプロジェクトをして下さったサポーターの皆さん、大阪府コミュニティ財団の方々、本当に有難うございます。子供達と美味しく頂きます。

4.「死にたい」と言わなくなったママたち

いまこまの原稿を書いているのは2024年9月。コロナ禍以降のことを思い出しながら実感しているのは「死にたいとママたち、いわなくなったなあ」「誰一人コロナ禍の中で死ぬことなくみんな生き抜いてきたなあ」ということ。

いまいる約200世帯のママたち、女性たち、若者たちのうち、140世帯はコロナ禍の中で出会った人たちですが、コロナ感染症に何度もかかる人たちがいて困難ながらも、でも生き抜いて今日があると思います。みんなに伝えたいのは、「よくぞシンママ大阪応援団に出会ってくれたね」ということです。

コロナ禍の中で取り組んだ「コロナなんでも相談会」で出会ったママさんからのメッセージを最後に紹介します。いまは、サポーターのひとりとしてスペシャルボックス発送ボランティアとしてかかわってくださっています。

2020年10月。私は会社を辞めた。その前年2019年の7月。私は小さな会社で海外事業に携わっていた。本当に小さな支店ではあるものの、無事初の海外支店を設立。現地に日本からのスタッフを送り、現地スタッフも雇い、これからという時にコロナ。3月にロックダウンが為され、やむなく設立したばかりの海外支店は閉鎖。日本でも在宅リモートでの業務が始まった。業務内容は大きく変わり、戸惑いも多く、メリハリの付かない早朝から夜遅くまでの長時間の激務、リモートでのコミュニケーションの難しさから社内の空気もどんどん悪くなっていった。次第に精神が蝕まれていき、うつ病を発症した時は何も考えられなくなっていた。起き上がる事も出来なくなり、吐いていたような。正直、その時の事を思い出そうとしても、今思い出せない。

私は離婚をしていて二人の息子を持つシングルマザー。これからどうしていったらいいか考える事も出来ないのに、頼る相手がいなかった。大学の学費を心配した息子が父親の所に学費の相談をしに行った。迷惑そうに「俺はお前の銀行やない。」と言われたそうだ。離婚した時に公正証書を作っていたので、市役所の無料法律相談の弁護士さんに相談してみたが、請求が難しい状況だろうと言われた。

そんな時に、国民健康保険料の高額な請求書が来た。「無職なのにどうやったらこんなお金が払えるんだろう?」と茫然自失の中、コロナなんでも電話相談の事を知った。

「シングルマザーで、大学生とこれから大学受験の高校生の息子がいるのに。職を失ってしまったのに。どうやってこんな高額な保険料を支払っていいか分かりません。どうしたらいいんですか?」と、泣き叫ぶように電話口で訴えた。電話を受けた方が、「ちょうどシングルマザー支援をしてる人がいるので代わりますね。」と電話を取り次いでくれた。それが寺内さんとの出会いだった。寺内さんは優しく、明るく、的確に色々と教えてくださった。次男の大学受験を前に金銭的に困っている事を伝えると、「スペシャルボックス」の事を教えてくださり、年末にスペシャルボックスを届けてくださった。

スペシャルボックスを開けて、とてもビックリした。私の支援物資のイメージは必要最低限の殺伐とした物資のイメージだったのに、先ず目に飛び込んできたのは美味しそうな愛情いっぱいの手作りケーキだった。ドリップコーヒー、子供達が喜びそうなお菓子、何よりも安心出来るお米、次男の為の本が買える図書券、手編みの靴下。何もかもがキラキラと優しく、愛情いっぱいに詰めあわされていて、「大丈夫だよ。あなたは一人じゃないよ。一人で抱え込まなくていいんだよ。」という声が聞こえてくるようだった。なんだか張りつめていたものがホロホロとほどけていき、「あぁ、これからは相談出来る人が、助けてくれる人達がいてくれるんだ。」と、安堵の余りへたれこんでしまったのを覚えている。安堵と同時に目からウロコだった。あぁ、これが支援なんだ。「施し」じゃなくて「支援」っていうのはこういう事なんだと衝撃を受けた。物資を恵んでやっているのではなくて、その人を思い、その人とその子供達の幸せを思い、暖かく包んで安心を与える。それが支援なんだと教えてもらった。

それからは私自身もスペシャルボックス発送のボランティアに度々参加させていただいている。ボランティアに来る皆さんは人の痛みが分かるからこそ、とても優しい方ばかりで、その姿勢にいつも頭が下がる思いだ。うつ病になって退職してしまったのは本当に辛い事だったが、幸運にも寺内さんを始めシンママ応援団の方々に出会えた。力強く安心して生きていける、もう一人ぼっちで悩まなくていいんだと思わせてくれる人達と出会えた。

今、私は障害者支援施設で介護士として働いている。全く今迄とは畑違いの仕事なので、本当に一からのスタートだったが、一歩一歩ゆっくりでも前を向いて歩いていけているのは、寺内さんを始めシンママ応援団の方々からいただいた「安心」のお陰だ。私自身もいつか誰かの「安心」のお手伝いが出来るようになりたい。

【コラム】支援者目線から見えないこと～ホームレス男性へのサポートを通して

その男性山田さん（仮名、当時59歳）が事務所のドアをたたいたのは2022年10月31日の夕方でした。

「ネットカフェで見ました。男性ですけどサポートしてもらえませんか?」「もちろんしますよ」「どうされました?」「公園で暮らしています」「今日はもう区役所もあいてないから明日9時にきてくれますか?」

翌日、9時に山田さんは時間通りに来局。昨日は公園で寝たとのこと。すぐに役所の福祉事務所に行きました。実は山田さんはホームレス支援のNPOですでにサポートを受けていたのですが、約束を守らない、ドタキャンする、話のつじつまが合わない等から支援は打ち切りになっていました。

生活保護申請をしたのですが、ケースワーカーからは「独り暮らしは無理なのでまず施設に入ってもらって自立にむけての訓練をしてもらう」。しかし、山田さんは「一人暮らしがしたい。施設は死んでもいやです。それなら公園のほうがましです」。とにかく生活保護申請をしました。そしてそのあとすぐにいつもシンママ大阪応援団がお世話になっている不動産屋さんに行き、家探しの相談をしましたが、家を探すためには住民票と携帯電話が必須と。山田さんにはいずれもありません。とにかく公園で寝るわけにはいかないので、サポーターNさん（ビル・マンションなどのオーナーさん）に連絡したところ快諾していただき、Nさんのマンションに2週間1万円で入居できることになりました。福祉事務所には「友人の家」と同じ扱いにしてもらうことになりました。

翌々日、山田さんとマンションに入居するために向かうタクシーの中でこんな話をしました。

「いつもドタキャンする、約束を守らないって、みんな言ってるけど、どうしてですか？」「いつも怖くなって逃げてしまうんです」「じゃあ、今日はなんでちゃんと来たんですか？　怖くないから？」「すごく楽しみです。嬉しいです」と。彼には理由がちゃんとあるのです。タクシーの中でいっぱい喋る彼は、嘘つきでもなんでもなく、自分のことを語っていました。養護施設で育った。そこでものすごくいじめられた。だからもう、施設には死んでも入りたくない、公園のほうがいいと。なぜ、そんな気持ちをそのNPOも福祉事務所も理解しないのでしょうか。なぜ、無理やり、本人の嫌なことを押し付けようとするのでしょうか。だから、逃げたくなる。うまく説明できないから、ドタキャンしてしまうのです。山田さんには「毎月保護費が入ったその日に家賃を払い、光熱水費を払う。ゴミ出しルールを守る。この三つができれば一人暮らしはできますよ」と伝えました。

シンママ大阪応援団はいつも何もきかない、何も言わない、ただ困っていることの解決のためにだけ動くことをポリシーにしています。山田さんは住むところが欲しい。でも施設ではなく、一人暮らしがしたい。それが唯一の望みです。同日、北区役所からは「保護が決定しました」との電話が入りました。

山田さんは30年以上住民登録をしていませんでした。彼が持っていたのは1990年の住民票転出の記録と、失効した免許証。この空白の30数年。どう生きてきたのか、聞いてはいません。きっと、辛いことがたくさんあっただろうし、言いたくないのでしょう。

住民登録ができないと、マイナンバーカードも取れないし通帳も作れないと。携帯電話も契約できず、そのために家を借りることができません。住民登録をするためには戸籍謄本と附票が必要です。失効した免許証の写しに戸籍がかかれていたので、その自治体に郵送で取得申請をしました。附票によると住民票は2000年に職権抹消となっていました。さらに戸籍謄本によると父親は2018年に亡くなっていて、山田さんはそのことを知りませんでした。そして母親の名前はありませんでした。

2000年からの22年間、住民登録がありませんでした。当然、なんの制度も使わず、もちろん医療保険もなく。それでも彼は生き抜いてきたのです。彼には彼の人生があって、現在があります。そして住民登録もでき、マイナンバーカードも取得し、通帳を作ることができました。

ある日サポーターさんからとても素敵な折り畳み自転車がとどきました。自転車も持つことができたので、山田さんの行動範囲はぐんと広がり、「見える世界が違ってきました」と言っていました。

山田さんは、サポーターさんからいただいた炊飯器で応援団からのお米を炊いて自炊し、洗濯もし、掃除もし、ゴミ出しルールを守り、いただいたCDプレーヤーで音楽を聞いて、毎日を楽しんでいます。中森明菜が好きだということで、ベストCDをプレゼントしました。

この山田さんに、なぜ「一人暮らしができない」というレッテルをNPOも福祉事務所も貼ったのでしょうか? 山田さんは事務所にくるたびに、明るくおしゃれになっていっています。いまの彼の楽しみは銭湯に行くことだそうです。山田さん、人生を楽しんでくださいね。

２　シンママ熊本応援団が大切にしていること

増淵　千保美

１．出発点

シンママ熊本応援団は、２０２４年９月現在、８年目の活動を続けています。当応援団は、女性たちが日常的につながり、ひとりでも安心して子育てができる社会をつくることを理念に、２０１７年４月にシングルマザー世帯の応援団として出発しました。

きっかけとしては、２０１６年に熊本地震を経験したということがあげられます。私たちは避難所運営に携わり、時が経つにつれ、自己資金による自立が困難な人々の中にひとり親世帯も含まれていたという現実を目の当たりにしました。それは、緊急事態にのみ起こっていることではなく、実は日常の暮らしの延長線上にあることなのです。労働現場では女性に対する差別や不当な扱いが未だに横行し、不安定雇用・低賃金の結果、生活難を抱え、子育てにおいては社会から「母親」役割を強調されます。常に、個人的な責任の問題に押し込められ、見えない圧力の中で息苦しさを感じながら何とか子どもと共に生き抜いているシングルマザーは、私たちの想像以上に多いのです。

私たち有志は、先に活動を開始していたシンママ大阪応援団・寺内順子さんの助言も受けながら、同じ働いて暮らす者として、同じ子育てをする仲間の一人として、他人事ではない共通課題と捉え、このシングルマザー世帯の背負わされている困難や不安と向き合い、孤立して苦しみ続ける親子が一世帯でもなくなるよう活動をスタートさせました。出発当初から、当応援団は一貫して当事者であるシングルマザーとその子どもたちの声をもとに活動をつくってきました。

2. 活動の原点としての「当事者の声」、顔の見える関係を作りたい——相談・同行応援

「当事者の声をもとに」という時、「相談・同行応援」は当応援団の応援活動の基礎・基本に据えられます。相談の経路は、当事者自らが検索をしてホームページやフェイスブックにつながるケースや、すでに仲間になっているママやサポーターからの紹介などです。以前は、マスコミ報道や講演活動を通じて知った方からの紹介などもありました。後述する「しあわせBOX」の利用者数と相談者数はおおよそリンクしています。

1年目、2年目は、子ども食堂経験者、弁護士、元教員、女性のキャリア支援担当者と筆者の運営メンバーでしたが、3年目以降は代表交代に伴い、スクールソーシャルワーカーや保育

士が新たな運営メンバーとして加わり、相談対応の幅が広がりました。とくに、家庭訪問や行政窓口・子どもの学校への同行応援は、当事者と共に考え行動する上で重要な役割を果たしています。

相談内容は、離婚前の法律相談や離婚後の生活再建、仕事、子育て、子どもの教育費の問題などがあげられます。２０２０年度からの新型コロナウイルス感染症拡大期以降は、強い孤立感を持つ当事者からの相談が相次ぎました。その多くが一度は他の相談機関や団体とも繋がっていましたが、相談したにも関わらず傷つけられる経験をもち、当事者同士の交流の機会が制限され、強い孤独感に苛まれているシングルマザーたちでした。当応援団が設立以来大切にしてきたことは、相談対応を通じて「顔の見える関係」をつくることです。そのため、現在ではホームページの相談フォームから受付を行いますが、初回相談は女性の運営メンバーが当事者の居宅や近隣地域等に出向き対面で行っています。

シングルマザー世帯の暮らしは、活動8年目に入っても一向に明るい兆しが見えません。毎年、年明けから年度末、年度始めは、とくに子どもの学費に関する緊急の相談やママの病気、就労に関する相談が相次ぎ、現在も継続的に対応をしています。彼女たちは、頑張って頑張って、我慢して我慢して、ギリギリのところで相談をしてくれます。相談を受けた時、「よく話してくれましたね。教えてくれて本当によかった」と思わず言ってしまうほどです。時には、会って話を聴いた時、言葉にならずに、ただただ抱き合って泣くこともあります。なかには「もっと早く言ってくれたらよかったのに」と思うケースもありますが、そんな彼女たちは口を揃えて、「忙しそうだから、申し訳なくってなかなか話せなかった」と言います。このような言葉を聴く度に、「まだまだ我慢させてしまっていたのか」と、反省することがあります。

彼女たちは、皆で集まるとニコニコして楽しそうにしています。もちろん当事者同士で語り合えることは嬉しいことでしょう。と同時に、懸命に笑顔をつくって前を向いて進もうとしているママたちの姿が時々垣間見られます。それは、彼女たち一人ひとりの話をじっくり聴いていると、「子どもにとってこんな母親なんて迷惑ですよね」「なんで私は生まれてきたんだろう」「もう消えてしまいたい」という言葉を耳にすることがあるからです。それでも「子どものために」と、彼女たちは何とか死ぬことを避け一日一日を生き抜いています。

このような当事者たちの気持ちや感覚は、見ようとしなければ見えず、感じ取ることはできません。傍にいる私たちは、そこに少しでも近づきたいと、自らの立ち位置がママたちと同じ地平にあるのか、常に問いかけながら活動を続けています。当事者たちは、その一身に背負わされている大きな困難にだけでなく、それを知りながら何も対応しようとしない政府や自治体、そして社会から押し潰されそうになっています。とにかく命をつなぎ留め、親子が手を離さずに生きていけるように、「悩みを話したい」と思ってもらえるような関係を築いていきたいです。

3.「ひとりじゃない」を形にした「しあわせBOX」

「毎日、もやしを湯がいてドレッシングの味を変えながら食べている」「病気で動けないので、子どもにコンビニの弁当を買いに行かせている」…。当事者の声からその暮らしの現実を知る時、食糧応援の必要性を痛感します。当応援団がスタートした年末である2017年12月に、初めて「クリスマスBOX」を10世帯の親子に配布しました。BOXの中身は、食料品や焼き肉セット、クリスマスケーキといった豪華な内容でした。この取り組みをきっかけに、翌年からは定期的に食糧応援のBOXをつくることにしました。すでにシンママ大阪応援団では、毎月「スペシャルBOX」の取り組みがなされていたこともあり、継続して応援していくことの重要性について学んでいたところでした。

当応援団の食糧応援は、現在フードバンクやソロプチミスト熊本さくら、ロータリークラブの会員、茗荷村同労社などの団体や公立保育園・小学校の教職員によるフードドライブ、個人からの定期的な応援品の提供で成り立っています。そして、応援品を提供してくれる人、それを運んでくれる人、箱に詰めてくれる人、配達してくれる人とBOXを受け取るママや子どもたちが直接的・間接的につながり、思いと思いが伝わり合っていく媒介として、この「しあわせBOX」が存在しています。ちなみに「しあわせBOX」という名前は、離婚後、熊本から他県に引っ越したママが、「ボックスを受け取ると、ひとりじゃない、しあわせな気持ちになる」と、名づけてくれたものです。ここで、「しあわせＢＯＸ」を受け取った当事者からのメッセージの一部を紹介します。

「こんにちゎ。毎日暑〜い日が続いてますね。我が家も先日、届けて頂きました。玄関先まで持ってきて頂きありがとうございます。物価は上がりっぱなしで夏休みに突入し、食費、電気代と不安要素だらけで、お米に玉子にポップコーン、すごーく助かります。生理用品も絶対要るものなので、大変助かります♡ありがとうございます！」

「節約志向のパンツ一丁の息子っち。暑いよね？気を使ってエアコン入れたら……消せっさ！怒られてごめんなさい。去年一回もつけてなく、今年もエアコンつけないまま終わりそぅです。子ども元気過ぎます。皆さんも熱中症には気をつけてください。」

「こんにちは、しあわせＢＯＸ受け取りました!!初めての夏休みで、毎日学童、、弁当、、、食費もですが、学童の長期休暇中の利用料もかかるので、出費が普段の倍で、色々我慢させることも多いので、お米、卵、生理用品すごく助かります。黒烏龍茶も早速沸かして飲みました。美味しかったです!!」

「届きましたーーー！いつもいつも、携わって頂いた皆様、ありがとうございますお米とポップコーンとナプキンと個人的に手作り柚ティー大好きです。今日からコロナでダウンしてますが、少し元気になりました。最近、持病の数値が下がってきて、体調が良くなったので、来週面接があります。頑張って働いて稼ごうと思います!!殺人級の猛暑なので、皆様お身体ご自愛くださいね♡♡」

「寄付していただいているみなさま、応援団のみなさま、仲良くしていただいているシンママのみなさまにはいつもお世話になっております。毎月いただくしあわせＢＯＸは、箱を開きながらカラダも心もポカポカする気分になり、生きてて良いんだ、生きよう！とチカラがわくぐらい、大変救われております。本当にありがとうございます。引っ越したので、新しいお友達が出来て、学校になじめるか心配です。」

右記のメッセージの中にも彼女ら親子の暮らし向きが伺えます。私たちがこれまで欠かすことなく「しあわせＢＯＸ」に入れてきたものは、お米とお便りです。現在も毎月、１世帯５キロの米が入れられるよう合計３７５キロを目標にサポーターに呼びかけています。これが実現できると、２千円前後する米代が他の生鮮食品（肉や魚）の購入に充てられるからです。切り詰めるところのないシングルマザー世帯の家計の調整は、最終的に食費に皺寄せされてしまいます。「しあわせＢＯＸ」は、２０１８年1月当初10世帯から、２０１９年の同月には25世帯、同じく２０２０年36世帯、２０２１年45世帯、２０２２年65世帯、２０２３年69世帯、２０２４年73世帯へと増加しました。とくに新型コロナウイルス感染症拡大に伴う解雇やサービス業等のパート就労時間の短縮による収入減少の結果、「しあわせＢＯＸ」の数が急増しました。そこには、家計が圧迫し生活に困窮したシングルマザー世帯の実情が如実に現れていました。

「しあわせＢＯＸ」のもう一つの目的としては、孤立した親子を1世帯でもなくすことです。毎回、「親愛なるママと子どもたちへ」というお便りを作成し、ＢＯＸに同封しています。お便りには、みんなで応援していること、ひとりぼっちではないことをメッセージに込めています。定期的に届くことによって、安心の形が目に見えて実感できる「しあわせＢＯＸ」の存在は、離れていても何かあった時には相談できる安心のつながりへと変化しています。当応援団では、何年にも渡り相談・同行応援を行なっている世帯が少なくありません。それは、このような繋がりのツールがあるからでしょう。

4. 当事者の願いをサポーターと実現する──マミさん食堂・子ども料理教室・体験活動

これまでの活動を振り返ると、当事者の声や願いを受け、それに対してサポーターのもてる知恵と力を貸してもらい活動として実現してきた経緯があります。たとえば、月に一回の「しあわせＢＯＸ」の発送作業前に、「マミさん食堂」（親子食堂）を開催するようになりました。毎回、市民や学生などのサポーターが約10名、ママや子どもたち当事者が10～15世帯（総勢25名～40名）程度が参加しています。このような賑やかな形になったのは、２０２１年3月からです。ほぼ毎月、自宅で大量のお昼ごはんを作って持参いただくことにより、それを楽しみに集まる人数が増えていきました。「マミさん食堂」という呼び名は、そのサポーターさんの名前から拝借したものです。

メニューは、子どもたちが好きな唐揚げやハンバーグ、肉団子、ポテトサラダ、おにぎりや、ママたちも喜ぶ旬の天ぷら、お煮しめ、混ぜご飯、炊き込みご飯など、季節を感じられるような工夫をこらしています。目の前に広がる数種類のおかずは、子どもだけでなく、ママたちも心が躍るようです。仕事も家事も子育てもすべて一人で責任を負い、緊張と不安の中で毎日をずっと走り続けているママたちにとって、月に一度の「マミさん食堂」は、お腹も心も満たされる貴重な時間となっています。また、食は、人と人をつなげる役割を果たすと言われていますが、この「マミさん食堂」を毎月開催することによって、ママ同士、子ども同士のつながりにも変化がみられるようになりました。毎月、参加するようになると顔見知りができ、さらには皆で集まる機会の他にも個別に連絡を取り合い、相談し合うピアの関係もできています。

さらに、食べることと共に、子どもたちに「つくること」への興味や関心を持ってもらいたいと、サポーター（NPO法人チーム学校給食&食育）の提案により、2019年7月から子どもだけでも安全に安心してつくることができる火を使わない「子ども料理教室」をスタートしました。毎年、基礎から応用編まで発展的に楽しく学びながら調理できるよう、炊飯器で作るごはんやおかずのメニューを工夫していただいています。親子で、あるいは子ども同士で一緒に「つくる」経験は、調理技術や段取りなどを学ぶと同時に、人と人がつながりあう対話・協力関係を育んでいます。

ひとり親世帯では、仕事のために保護者の帰宅が遅くなることもあります。また、小学校高学年になると、長期休暇中など家庭内では子どもだけで過ごす日も多くなります。そのような時に、子どもが何か自分たちで作って食べてみよう、家族のごはんも作ってみようと思い実践できる知識や技術を身につけることは、将来の自立生活にもつながるでしょう。ほかにも、毎年、サポーターの「よかあばいJAPAN」と連携して、味噌づくり交流会も開催しています。親子で手作りの味噌を漬ける取り組みや味噌玉をつくり、朝の忙しい時間に子どもだけでも簡単に味噌汁が食べられるよう提案しています。あるとき、「子ども料理教室」に参加した子どものママから以下のようなメッセージが届きました。

「私事ですが、新しい仕事を探し、今日が入社日でした。疲れて帰宅すると、子ども達がBOXからお米を引っ張り出し、何とお米を研いで、ごはんを炊いてくれようとしてる所でした。今までになかったので、嬉しくて仕方ないです。一昨日、参加させて貰った子どもクッキングと、沢山の方の思いが詰まったしあわせBOXにとても感謝しています。今も2人でおにぎりを握ってくれてて、少しゆっくりさせて貰ってます（笑）。お陰様で今日は凄く元気が湧きました。ありがとうございます！」

シンママ熊本応援団は、基本的にママへの応援を通して子どもにも安心を届ける活動ですが、この「子ども料理教室」は、子どもがごはんを作り、それを親子で食べることによって、ママ自身も励まされるという効果があります。また、これまで気づかなかった子どもの素敵な一面や育ちを親として確認できる時間にもなり、親子関係の橋渡しにもなるよい機会となっています。

もう一つ、夏休みや春休みなど、子どもたちの学校の長期休業中は、経済的に旅行やレジャーなどを楽しむ余裕のない世帯もあります。そこで、一世帯ではなかなかできない野外・体験活動を毎年、実施しています。そのきっかけは、「夏休みの宿題の絵日記に書くことがない」という子どもたちの声があったからです。この声に対しても毎年、夏休みにプール開放、江津湖での水遊びや魚釣り、春休みに森でのキャンプ、秋には芋ほりなど、サポーターの得意分野と専門性を活かして連携しながら親子野外・体験活動を実施することができています。

また、今年度は、本格的に夏休みの宿題・学習サポートも実施しました。小学生の子たちの中には、文字がしっかりと修得できていない子どもや、すでに勉強嫌いの子どもたちがいました。それが子どもの「荒れた」姿となり、当応援団の活動の場でも時々まわりの友達や親以外のおとなに対する表現として見て取れました。もちろん、ママ自身も子どもの学習面については心配しているのですが、学級担任にはなかなか相談できないようでした。学習会は、一対一またはきょうだい同士とサポーターが一緒に行いました。元小学校教員だったサポーターは、子どもたちとの対話を大切にし、これまでの経験とつなぎ合わせながら具体的にイメージして学べるよう工夫をこらしてくれました。「勉強」という言葉を聴くだけで拒否反応を示していた子どもたちも、わかることの嬉しさや学ぶことの楽しさを少しずつ実感すると、終わった時にはおだやかな表情となり、笑顔も見られるようになりました。今後は、この子どもたちの姿を学校の教員にも返していき、教育が取り組む課題について問いかけていきたいです。

5. ママたちと共に「当事者の声」を社会に届ける

今日、シングルマザー世帯の背負わされている社会課題は、一市民団体で解決するにはあまりにも大きな課題であり、できることは非常に限られています。しかし、共に行動する中で聴き取った仲間（当事者）の声を、サポーターやその方々が暮らす地域・社会、さらには国や自治体行政にも届けていくことにこそ、当応援団の意義があると考えます。その一つの手段がサポーター通信である「しあわせ便り」であり、他にも、ホームページやフェイスブックなどのＳＮＳから発信し、より多くのサポーターの皆さんにこの活動を周知したいと考えています。

「しあわせ便り」は、ちょうど「しあわせＢＯＸ」の取り組みが丸一年を迎えた２０１８年12月より発行を開始しました。この「しあわせ便り」は、食材等の提供や寄付、発送作業、野外・体験活動など、様々な活動に協力いただいている約１６０名サポーターへの感謝の気持ちを伝えるツールとして、また当事者の声を届けることで、シングルマザー世帯への理解を広げ、サポーターと当事者を橋渡しすることを目指し、定期的に発行しています。近年では、年３～４回程度の発行を続けています。内容は、当事者の声を中心に、期毎の活動報告、しあわせＢＯＸの応援品の提供や寄付の呼びかけなどです。

さらに、講演依頼にも積極的に応じています。とくに教育関係者に対する講演は、その先に子どもがいることを意識し、教員や保育者がこれまで持ってきたひとり親世帯の親子に対する固定観念を打ち破り、現実に即した認識・理解を広げていきたいと取り組んでいます。保育施設においても、学校においても、今やひとり親世帯で暮らす子どもたちはクラスに必ずいます。どんな世帯構成・家族形態でもその子どもが安心できる暮らしがあるということが重要であるため、もし、それが保障されていないのであれば、保育や教育の中で安心できる場を社会的につくる必要があるでしょう。その時、どれだけその子の暮らしに思いを馳せ、子どもの声にならない声を聴き取れるかが専門職に求められます。私たちは、シングルマザーや子どもたちの立場から見えてきたこと、聴こえてきた声を届けています。そこに真摯に向き合う人々と連帯し、現行制度を改善・拡充していく取り組みにも繋げていきたいと考えています。

実際に、当事者自らが声をあげて、現実を変えることができた事例もあります。一つ目は、コロナのため小学校が休校となった時の学童保育に関することです。その当時、利用対象が医療関係者、介護士、消防士などの専門職についている家庭の子どもに限定されてしまった為、一般事務やサービス業のシングルマザーたちは子どもを置いて仕事に行かざるをえなくなりました。学童保育は、小学1年生から3年生が主であるため、家で留守番をさせるにも勇気がいる年齢です。この不安の声が当応援団のグループＬＩＮＥ上でつぶやかれ、仲間のママたちの共感を呼び起こしました。その後、各自が次々と教育委員会に電話やメールで自らの声を届け続け、コロナ休校中の学童保育の対象にひとり親世帯の子どもも含まれることとなりました。

もう一つは、就学援助に関することでした。当事者が住む自治体の就学援助の基準は生活保護基準の1・1倍という厳しいハードルであったため、当事者は援助が受けられずに経済的な不安を抱えていました。運営メンバーと共に教育委員会に出向き、ママ自らが暮らしの現状を率直に話し、就学援助の基準拡大の要望をしたところ、担当者は、真摯にその声を受け止め、その後、議会に議題として提出されました。数ケ月の時間を要したものの基準の見直しが行われ、彼女ら世帯だけでなく他の子どもたちにも就学援助が適用されるようになりました。

ほかにもいくつかの事例があるのですが、これら二つの事例を通しても、ママたちは、仲間や応援してくれるサポートがあれば、自らの声を届ける力を発揮できるのです。そして、彼女らは声を届けることによって、「現実を変えることもできる」「諦めなくてもいいんだ」という希望を手にすることができます。私たちは、このような実践を積み重ねていき、これらの経験を広く市民に伝え連帯していくことで、他の子育て世帯や自治体にもよい影響が広がるということを学びました。

これがまさにシンママ熊本応援団の活動の先にある「ひとりでも安心して子育てができる社会づくり」につながっていくのでしょう。

3　ケアが循（めぐ）る場としての「応援団」

砂脇　恵

1.　苦しみを理解されない苦しみ

前節では、シンママ大阪応援団、熊本応援団に寄せられたシングルマザーの「声」に応答することの大切さが語られました。次章でも詳述する通り、ひとりで子どもを育てる女性を取り巻く雇用・就業の環境は不安定で、社会保障も十分ではありません。低賃金と長時間労働（無償労働含む）のなかで、切迫した家計と生活時間をやりくりするために、食事や睡眠など生きるために必要な自身のケアさえも圧縮せざるを得ない。なぜなら、シングルマザーは目の前にいる子どもをなんとか食べさせ育てていかなければならないからです。

こうしたシングルマザーの苦しさは、私たちの社会が「〈ケアする人へのケア〉を欠いた社会」であることによってもたらされたものです。そもそも、ジェンダー不均衡の社会のなかで、ひとり子どもを育てる女性は不安定な生活を余儀なくされています。そして、生計中心者の稼ぎで自立すべきという〈労働規範〉と、女性が愛情をもって子どもをケアすべきとする〈家族規範〉という二重の自己責任論によって、シングルマザーは「努力が足りない」と責められる経験をしてきています。シングルマザーの苦しみが周囲の人びとから理解されず、「もっと大変な人が

助けが必要な時の相談・頼れる相手（複数回答）

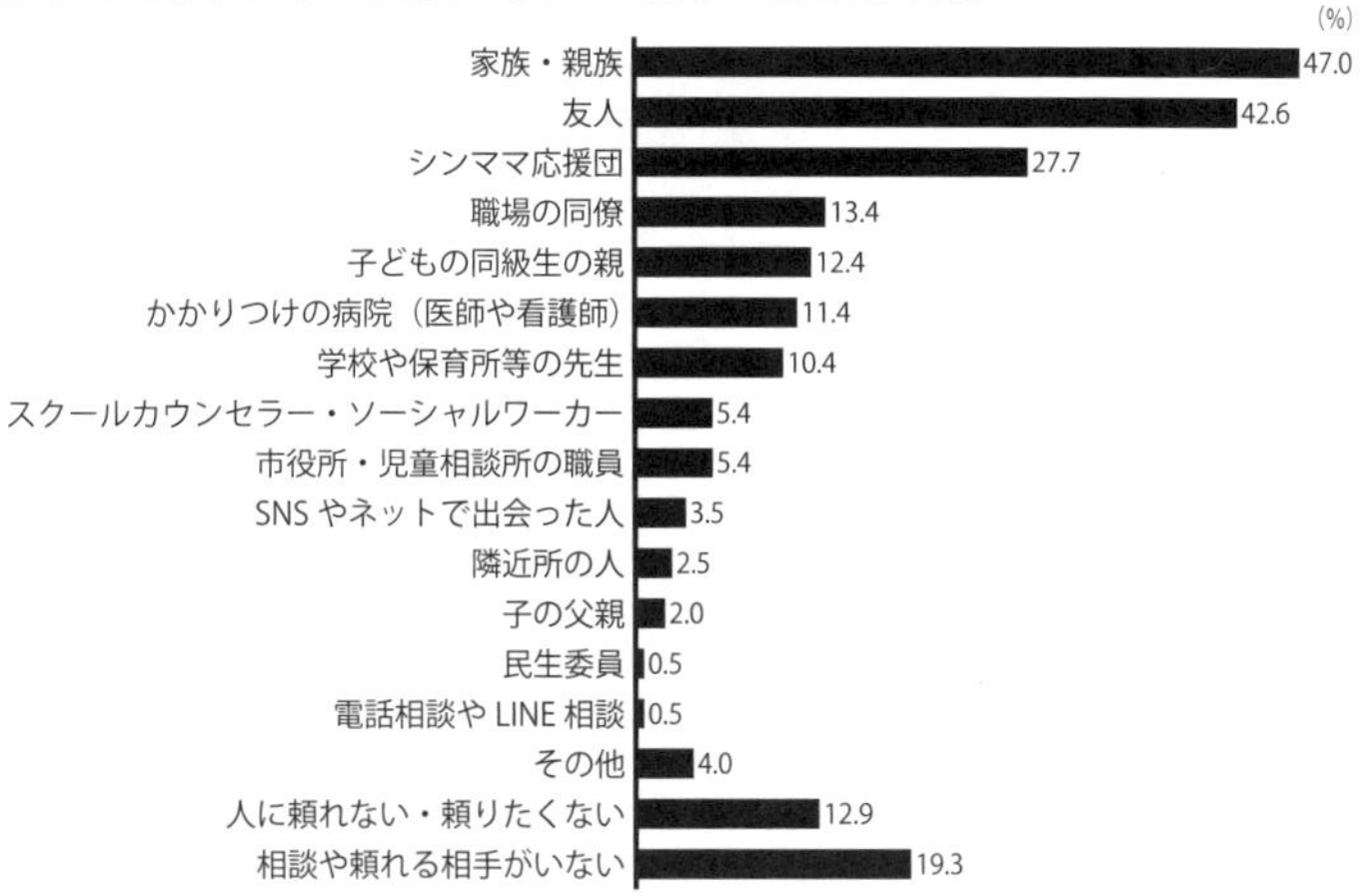

いる」「子どもが可哀想」「お母さんなんだからもっと頑張って」と否認されるたびに、シングルマザーは自責感にかりたてられます。これらの苦しみは歪んだ社会のありかたによって生み出されているにもかかわらず、それをひとりで引き受けなければならないと思い込まされるしんどさを背負うことになるのです。

2. 頼れる先の乏しさ

シンママ応援団が実施したアンケート調査（2023年）では、助けが必要なときに、家族・親族、友人に頼ると回答したのは4割台にとどまっています。裏を返せば、過半数のママは、家族・親族、友人に頼れない状況にあると考えられます。暮らしの場で接する職場の同僚やママ友、学校や病院の先生を相談先・頼れる先としたのは1割余りです。生活困窮や子育てに専門的に対応する公的支援者（市役所・児童相談所、スクールカウンセラー・ソーシャルワーカーや民生委員等）に至っては、9割以上のシングルマザーにとって頼れる先ではないことが明らかになりました。そして、5人に1人が「相談や頼れる相手がいない」、8人に1人が「人に頼れない・頼りたくない」と回答しています。

自由回答では、「**誰かに相談することに疲れてしまいました。相談することが人任せと言われたり、困っている内容の理解をしてもらえない**」との声が寄せられています。多くのシングルマザーは、生活の苦しさだけではなく、「苦しみを理解されない苦しみ」を抱えているのです。その結果、自己責任論の価値観を自身に内面化し、「自分よりももっと苦しい人がいるのに、助けを求めることは贅沢なことではないか」、「助けてくれる人などいないのではないか」と考え、SOSを発することをやめるのです。ついに生活困窮が極ってどうしようもない状態になってはじめてSOSを発することになる。そのようにして発せられたSOSを聴き届ける場があって、ようやく支援につながるというのがシングルマザー支援の現状なのです。シンママ大阪応援団の寺内さんが「何もきかない・何もいわない・お口チャック」という姿勢を、熊本応援団の増淵さんが「当事者の声」を大事にしてきたのは、このためなのです。

そのようなかで、27・7％のシングルマザーが頼れる先に「シンママ応援団」をあげています。

ママたちの声を紹介しながら、シンママ応援団という場が循らせる「ケア」の意味とその働きを考えていきます。

3. ケアが循る～誰かに大切にされてはじめて誰かを大切にすることができる

まず、アンケートからシンママ応援団のサポート活動に対するママたちの評価をみていきましょう。シンママ応援団が毎月実施している食品・日用品等の宅配事業、「スペシャルBOX」（大阪・福岡）「しあわせBOX」（熊本）を利用して変化したことをたずねました。ここでは五つの側面から分析していきます。

①毎月届く安心感

アンケートでは9割近くのシングルマザーが「お米がある安心感」をあげています。ついで、「家計の助けになる」（81・7％）、「家事の助けになる」（76・2％）も高い割合でした。アンケートの自由回答では、「**給料日前でも食べものの心配をしなくてよくなった**」「**〝お腹空いた〟に応えることができ、私自身が安心し、穏やかでいられて、子どもも落ち着いた**」「**食べることへの**

罪悪感が減りました」「**レトルト食品やカップ麺があることで、疲れた時は無理に作らなくてもいいんだと思えるようになった**」などの声が寄せられています。もちろん、月1回の食料宅配で暮らしが劇的に改善されることはありません。それでも、BOXが「毎月必ず」届くことで、家計の見通しが立つこと、食べることを我慢しなくてよいことが安心感をもたらしているのです。

②選択肢が増える

「ご褒美になる（お菓子・お酒等）」（67・8％）、「普段買えないものが届く」（55・9％）、「食費が浮いた分、他にお金が回せる」（48・5％）も多くのママから回答がありました。自由回答では、「**お菓子など我慢させていたものもあげることができる**」「**気にはなっていたけど買えなかったものが入っていて、食生活にバリエーションが増えた**」「**パックやドリップコーヒーなどが入っていて、ほっとひと息つける時間を持つことができた**」「**食費が抑えられ、普段買わないで我慢するものが入っていたりするので、贅沢な気持ちまである**」などの声が寄せられました。

次章で述べるように、母子世帯の生活は、家計や生活時間を「切り詰めること」によって辛うじて維持されている状況です。選択肢が限られているなかで、何かをあきらめながら生活を維持すること、そのものが重労働でママをひどく疲れさせます。そうした状況のなかで〈選択で

スペシャル（しあわせ）BOXを受け取ることによって変化したこと（複数回答）

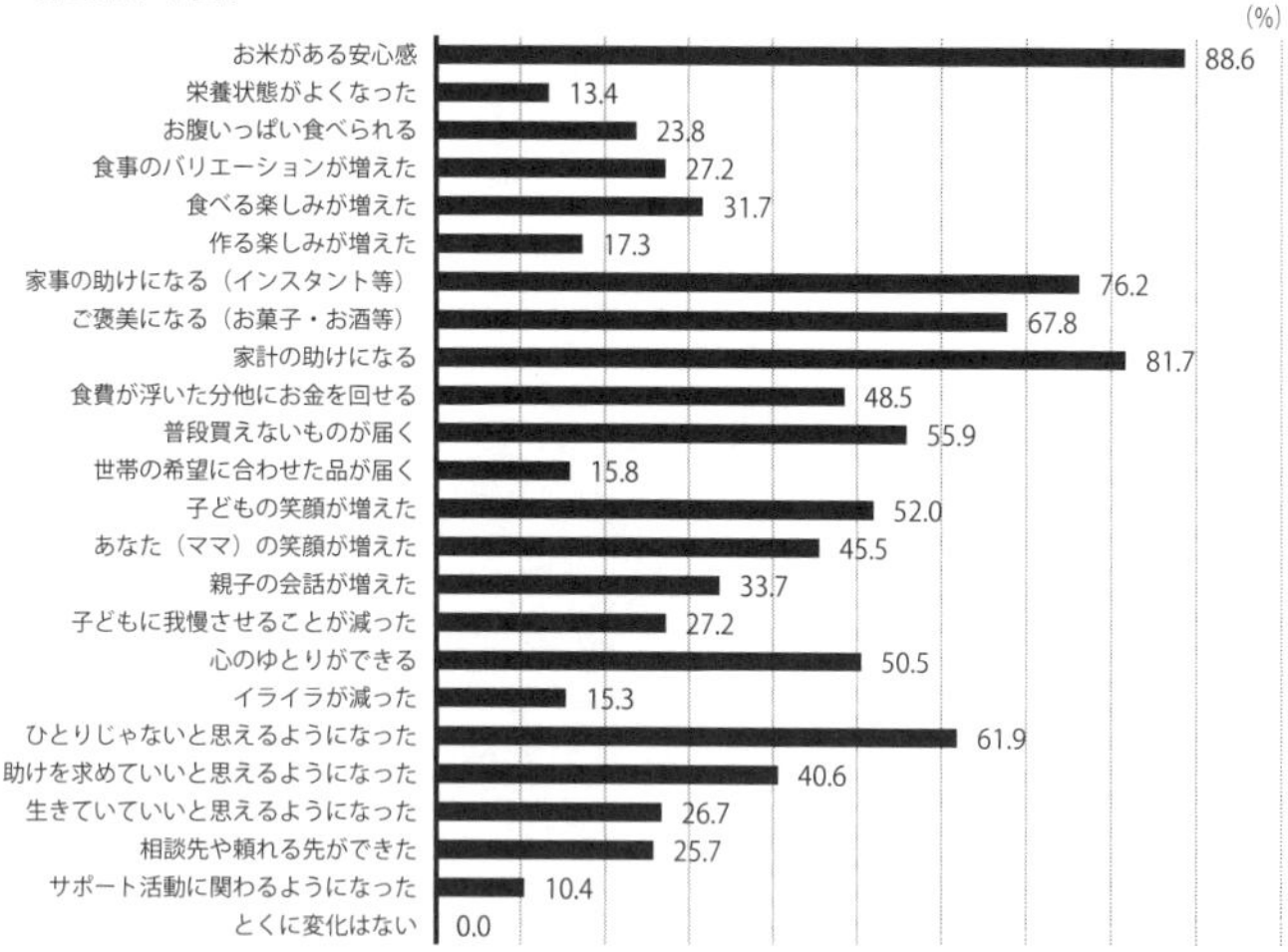

きる・自由にできる〉ことが一つでも二つでも増えることが、切迫した暮らしになんとか対処していく足場を支えていると考えられます。

③笑顔・心のゆとりが増える

アンケートでは、「子どもの笑顔が増えた」（52・0％）、「心のゆとりができる」（50・5％）、「あなたの笑顔が増えた」（45・5％）など、感情や心の面での変化も浮き彫りになりました。

自由回答では、**「以前は毎月の生活がギリギリでイライラすることも多く、子どもにあたったり、可哀想なことをしてしまいました。いまは、生活必需品をいただいて、気持ちに少し余裕ができイライラすることも少なくなってきました」「お菓子や小物がとても嬉しいらしく、それを見て私も癒やされている」「私が、嬉しいね、**

ありがたいねという言葉をよく使うようになり、嬉しそうにしている。ママ、良かったね～と嬉しそうに言ってくれる。私が笑うことが増えたせいか、どんどん穏やかに落ち着いてきた気がする」「自分達でお弁当を作るようになってくれて、私が忙しい時もサポートしてくれています」などの声が寄せられました。

子どもたちはママと自分の名前が宛名になっているＢＯＸを大喜びで開けます。「あなたのため」に寄せられた品々は大切にされている実感を子どもに与え、そんな姿にママは喜び、それをみて子どもも喜びます。ここには、誰かから大事にケアされることが、誰かを大事に思うことに繋がる、という「ケアの循環」が見て取れます。

④ひとりじゃない、頼ってもいいと思えるようになった

さらに、アンケート調査では、「ひとりじゃないと思えるようになった」（61・9％）、「助けを求めていいと思えるようになった」（40・6％）など孤立感が緩和された声が多く、4人に1人は「相談先や頼れる先ができた」「生きていていいと思えるようになった」と回答しています。

自由回答では、「**両親にも本当のことが話せず、一人で孤独でした。ＢＯＸは私の生きる為の希望です。一人じゃないよと言われると心が救われています**」「**『苦労は買ってでもしろ！』という母に育てられたので、ＢＯＸに頼り続けていることに罪悪感を抱くこともありました。**

今は人を頼るということも、ひとつの自立に繋がるのかなと思えるようになりました」「**私を想ってくれる温かな人が沢山いるということを知れて、悲しみや憎しみの気持ちが減った。感謝の気持ちをもてるようになり、気持ちがとっても軽くなった。お願いしてもいい、助けて欲しいと言っていいという事を知れた。何より、私は存在してもいいんだと思えるようになった**」「**スペシャルＢＯＸを入り口に、人との繋がりが拡がっていくのだと思います。困った時にＳＯＳを出せて、それに応えてもらえる安心感は他に代えがたいものがあります**」などの声が寄せられています。ＢＯＸの品々を通じて届けられるサポーターの「あなたを大切に想う気持ち＝ケア」を受け取ることが、「ひとりじゃない」「頼ってもいいのだ」という実感を生み出していると考えられます。

⑤ケアが循る（めぐる）

そして、サポーターからの「ケア」が届けられると、ケアはバトンのように循っていく働きが見て取れます。アンケートの自由回答では「**同じような境遇の方がいてみな頑張っているんだと思え、頑張ろうと思える**」「**同じ境遇のママと発送作業をするなかで、子育ての悩みなどを共有できる**」「**子どもたちも発送作業に行き、他の子どもたちと遊ぶのを楽しみにしています。配達も手伝ってくれます**」など、ピア（仲間）が互いをケアし合う関係が生まれています。また、

「自分もいつか助けられる人になりたいと思えるようになった」「今度は手を差し伸べられる側になって恩返しをしたいと考えるようになりました。そのために必要な資格をとるための学校に通っています」など、誰かにケアされたからこそ、誰かをケアしたいという気持ちへと拡がっていきます。

4. 自己責任型の社会から、誰かの幸せを喜べる社会へ

シンママ応援団のサポートは、各種助成金、協力団体のほか、全国に約760人いるサポーターの寄付によって支えられています。

代表の寺内さん、増淵さんはSNSや通信を通して、ママや子どもたちの声を発信し、サポーターはママ達が元気になっていく姿を知り、喜びを共有しています。

シンママ大阪応援団が2023年8月に実施したサポーター調査では、個人サポーターのみなさんからこんな声が寄せられました。

・私も母子家庭で育ちました。困ったことがあれば周りの人に遠慮なく相談してほしいです。私も今はケーキ作り中心ですが、他にもお役立て出きることがあればと思っています

・通信にあるシンママさんの文章にいつも感心しています。リアルな暮らしの様子とＢＯＸを受け取った時の感動表現に元気をもらっています

・切実な実情がダイレクトに伝わってきます。困っている人を、まず助けようという行動を応援したくなります。同時に、社会の問題点を浮き彫りにして解決を目指そうという視点があるのが、素晴らしいと思います

・辛い時、周りにいっぱい頼って甘えてください。自己責任なんて糞食らえです。社会は皆が力を合わせて成り立っているんだと思います。今はまだなんとか元気ですが、もっと年取ったら私も周りに甘えようと思ってます

・腹の立つこと、しんどいことが多い世の中です。でも仲間がいます。頼り頼られながら協力して少しでも暮らしやすい世の中にしていきましょう。そして一緒に幸せになりましょう。

・ママさんや子どもたちが幸せになることを私も喜びたい。だから応援したい。そんな空間がシンママ応援団なんだろうなと思って、これからもつながり続けます

なぜサポーターは支援するのでしょうか。それは、シングルマザーへの同情やサポートが役に立ったという自己効力感と、少し違うように思われます。サポーターもまた、かつて、あるいは現在も、誰か（何か）からのケアを得ながら生きてきた（いる）存在である。そして、困っ

ている人がいれば、応援する、人が助けたり助けられたりするつながりにおいて幸せが実現される、そのような社会への信頼、希望を託して応援団に参加しているのではないでしょうか。

シンママ応援団は「サポートする／される」という二者関係に固定化しない「ケアが循環する場」のように私には思えます。そこに、自己責任型の社会から、助けを求められる社会へ、そして、誰かの幸せを喜べる社会へ、新たな地平を開く展望を私は見いだすのです。

第3章

シングルマザーの暮らしの実態

砂脇　恵

本章では、一般社団法人シンママ大阪応援団、熊本応援団、福岡応援団のサポート世帯を対象に実施したアンケート調査の結果[(1)]からシングルマザーの暮らしの実態を明らかにする。

調査から浮き彫りになったのは、子どもをひとりで育てる女性が不安定な雇用・就業と低所得と長時間労働を強いられた結果、家計、生活時間が圧迫され、そのやりくりのために絶え間ない苦労と消耗を強いられている現実である。

(1) シンママ大阪応援団・熊本応援団・福岡応援団が調査主体となり、サポート利用世帯を対象に実施した調査である。本章では主に2023年9月〜10月に実施した「シングルマザーの暮らしの実態調査」（回答率56・6％）の結果を取りあげるが、一部、その前年に実施された「シンママ応援団の活動に関するシンママアンケート」（回答率53・7％）の結果にもふれている。いずれの調査結果も、シンママ大阪応援団の公式サイトに公開している。

1　母子世帯の概況

シングルになった経緯は、「離婚」が71・8％と最も高く、ついで「非婚」が14・9％、「別居・離婚成立前」が8・9％、「死別」が2・5％である。シングルマザーの年齢層として割合が高いのは「35～44歳」42・6％、「45～54歳」32・7％である。

回答者の7割以上がシングルになって5年以上経過している一方で、２０２０年度以降にシングルになった女性が27・3％を占めており、シングルになった直後の最も苦しい時期とコロナ禍・物価高騰が重なる。

世帯の状況としては、「母子のみの世帯」が全体の約9割で、実家などの同居世帯は1割弱である。同一生計の子どもの数は1人が45・0％、2人が36・1％で、3人以上（多子世帯）は18・3％である。

2　不安定な暮らしの基盤

(1) シングルになる前から生活基盤が脆弱だった女性たち

シングルになる前に「働いていた」のは75・2％で、そのうち「正社員・正規職員」は20・3にとどまる(図表1)。他方で「パート・アルバイト」、「契約・派遣」、「自営業」、「就労支援事業所・作業所」の就業者を合わせると55・0％に達しており、「働いていなかった」、「学生」であった女性を加えると、全体の約8割が安定的な雇用システムの圏外にいた。

ひとり親になったことを契機に、不安定的な生活基盤が顕在化し、彼女らは生計維持、毎日の家事・育児をワンオペで担わざるを得ない状況に投げ出されたのである。

図表1　シングルになる前と現在の就業状況(%)

就業状況・就業形態	シングルになる前(A)	現在(B)	増減(B)－(A)
働いていた(いる)	75.2	78.7	3.5
正社員・正規職員	20.3	25.7	5.4
パート・アルバイト	42.6	35.1	▲7.5
契約・派遣	5.9	8.9	3.0
自営業	5.0	5.0	0.0
就労支援事業所	1.0	3.5	2.5
内職	0.5		▲0.5
無回答		0.5	0.5
働いていない	22.8	20.3	▲2.5
学生	1.0		▲1.0
無回答	1.0	1.0	0.0

（2）働いているシングルマザーの就業形態（2023年9月現在）

それでは、シングルになる前と比較した現在、暮らしの基盤はどう変化しただろうか。

図表2　シングルマザーの就業形態（2022年、2023年）

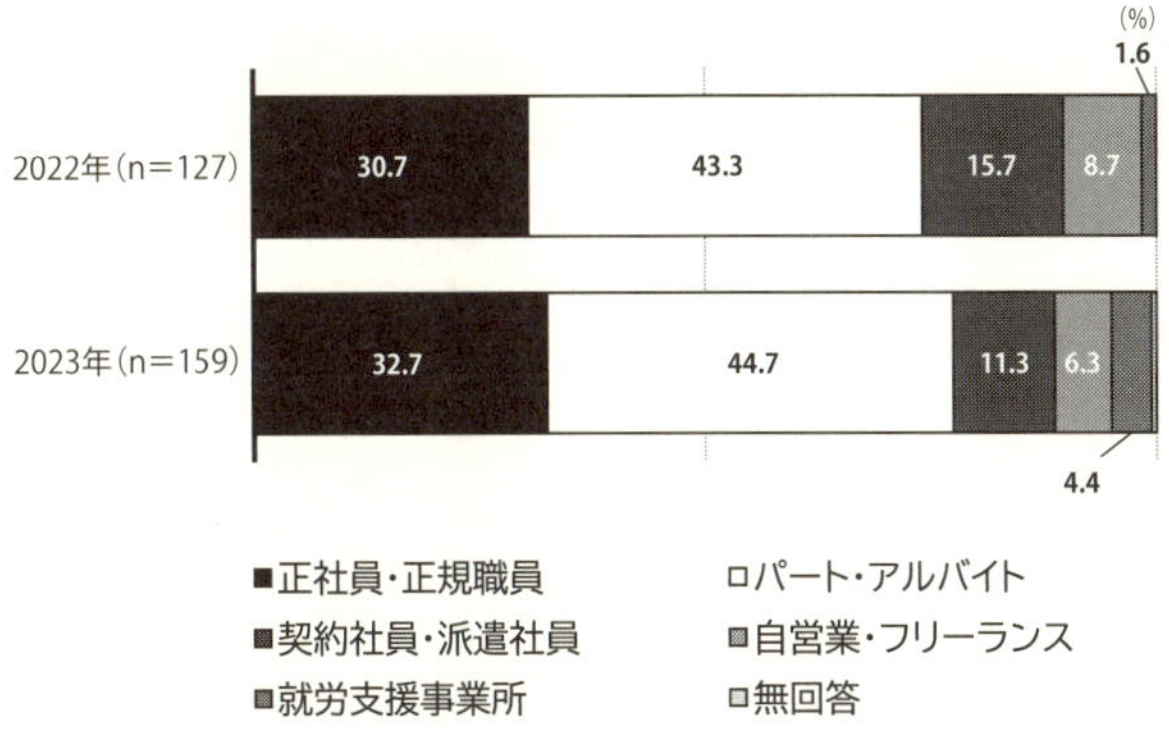

図表3　就業形態別にみた専業・兼業の状況

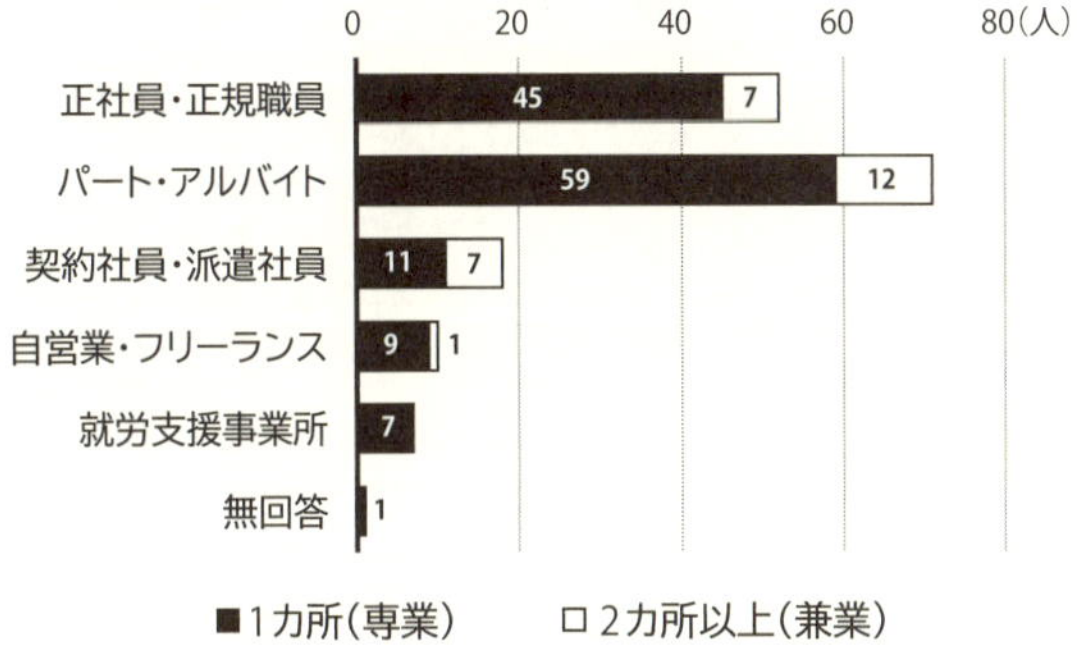

全体の傾向としては、就業率（75・2％から78・7％へ）、正規雇用率（20・3％から25・7％へ）とも増加している（**図表1**）。

ここで働いているシングルマザーの就業形態別の構成比をみていきたい（**図表2**）。「正社員・正規職員」は32・7％にとどまり、非正規雇用、自営業、福祉的就労など不安定就業にある人が3分の2を占めている（**図表2**）。そのため、働くシングルマザーの6人に1人が仕事のかけもち（兼業）をせざるをえない状況にある。兼業の割合が高いのは「契約社員・派遣社員」（38・9％）、「パート・アルバイト」（16・9％）であるが、「正社員・正規職員」であっても7人に1人が兼業であり、より安定的な雇用形態であっても、十分な収入が得られているとはいえない状況がうかがえる（図表3）。

（3）働いていない理由―自身の病気、家族のケア

「働いていない」シングルマザーは回答者全体の約2割である。そのうちの63・4％が「働きたいが働ける状況にない」と回答している。その理由（複数回答）としては、「自身の健康上の理由」が78・0％で大多数を占めている。ついで多いのが家族のケア（「子どもの健康上の理由」「家族の介護・世話」）の22・0％で、「自身の健康上の理由」を抱えながら家族をケアしている状況にある。自由記述では、「**傷病手当金を受給していたが退職した**」、「**持病悪化で働けない**」、「**自身の病気や子どものひきこもりのため働けない**」などの声が寄せられている。

（4）長時間労働の実態―44％のシングルマザーが週40時間以上働いている

働いているシングルマザーの職種のなかで最も多いのが「医療・福祉」で27・7％を占める。ついで「一般事務」が15・7％、「飲食・宿泊業」が10・1％である。

図表4　週あたりの労働時間

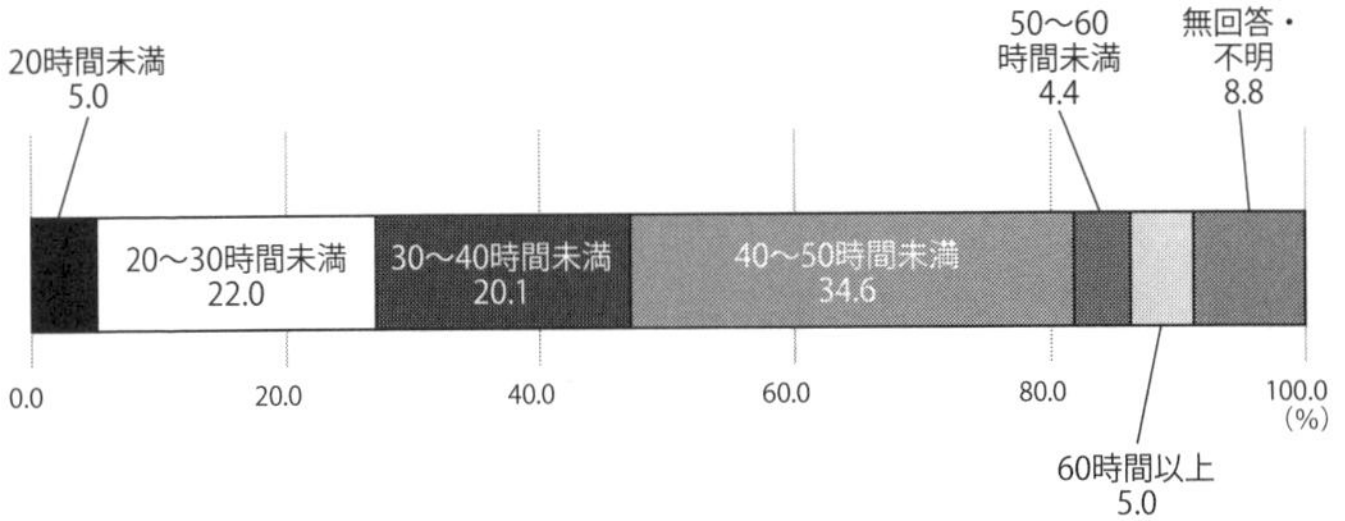

労働日は「週5日」が62・9%で、これに「週6日」(12・6%)、「週7日」(5・0%)を合わせると週5日以上が8割を超えている。平均労働時間は1日あたり7・3時間、週あたり37・1時間である。なかでも1日8時間、週40時間を超えた長時間労働に従事するシングルマザーが44・0%と高い割合を占めている(**図表4**)。

先述した通り、シングルマザーの就業形態のなかで最も多いのが時給制の「パート・アルバイト」である。収入を増やすためには、シフトを増やすかダブルワークせざるを得ない。実働時間に加えて通勤・待機時間なども加われば労働関連時間が家事育児時間のみならず、自身の休養のための時間を縮減させる。ダブルワークするシングルマザーからは「**働くだけで一日が終わってしまう。1日24時間では足りない。心にも余裕がない毎日**」との声が寄せられている。

仕事に関する困りごと(**複数回答、図表5**)については、「給料が少ない」が全体の40・1%を占めている(とくに「契約・派遣社員」72・2%、「就労支援事業所・作業所」57・1%、「パート・アルバイト」49・3%でその割合が高い)。ついで「自分が病気でも

図表5　仕事の困りごと（複数回答）

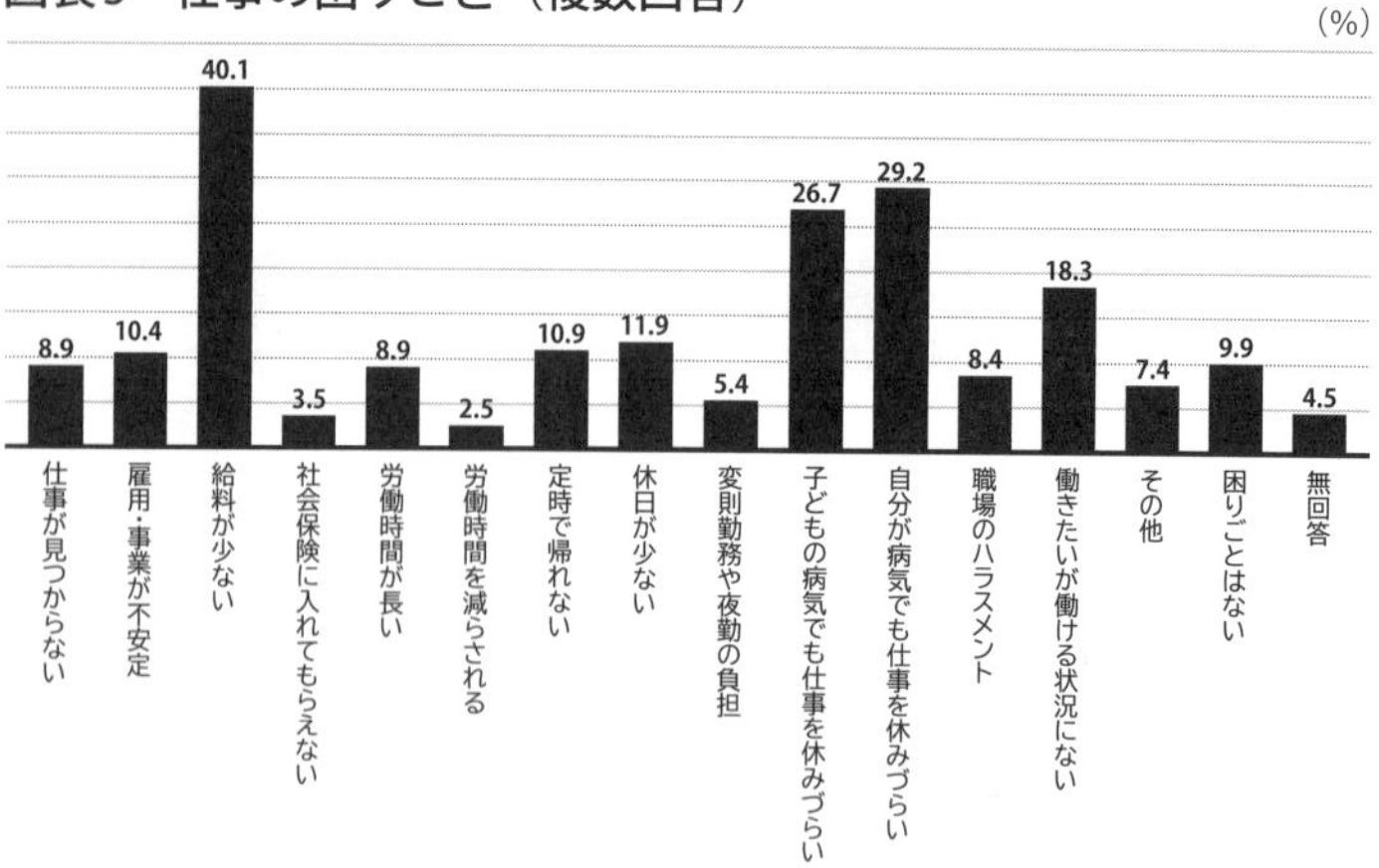

仕事を休みづらい」は全体の29・2％を占めている（とくに「正社員・正規職員」（38・5％）が相対的に高い）。

自由記述欄には、「子どもがしょっちゅう病気になる、預かり先がないので休まざるを得ない」「3ヶ月毎の更新で、いつクビになるかわからない。たくさん働きたくても、子の障害や病気で仕事を休まないといけなくなる。自分も難病あるが給料が減るため仕事を休めない。フルタイムで働けない」「体力のいる仕事で、10年後働けているか不安」などの声が寄せられている。

図表6　2022年の世帯年収（手取り額）

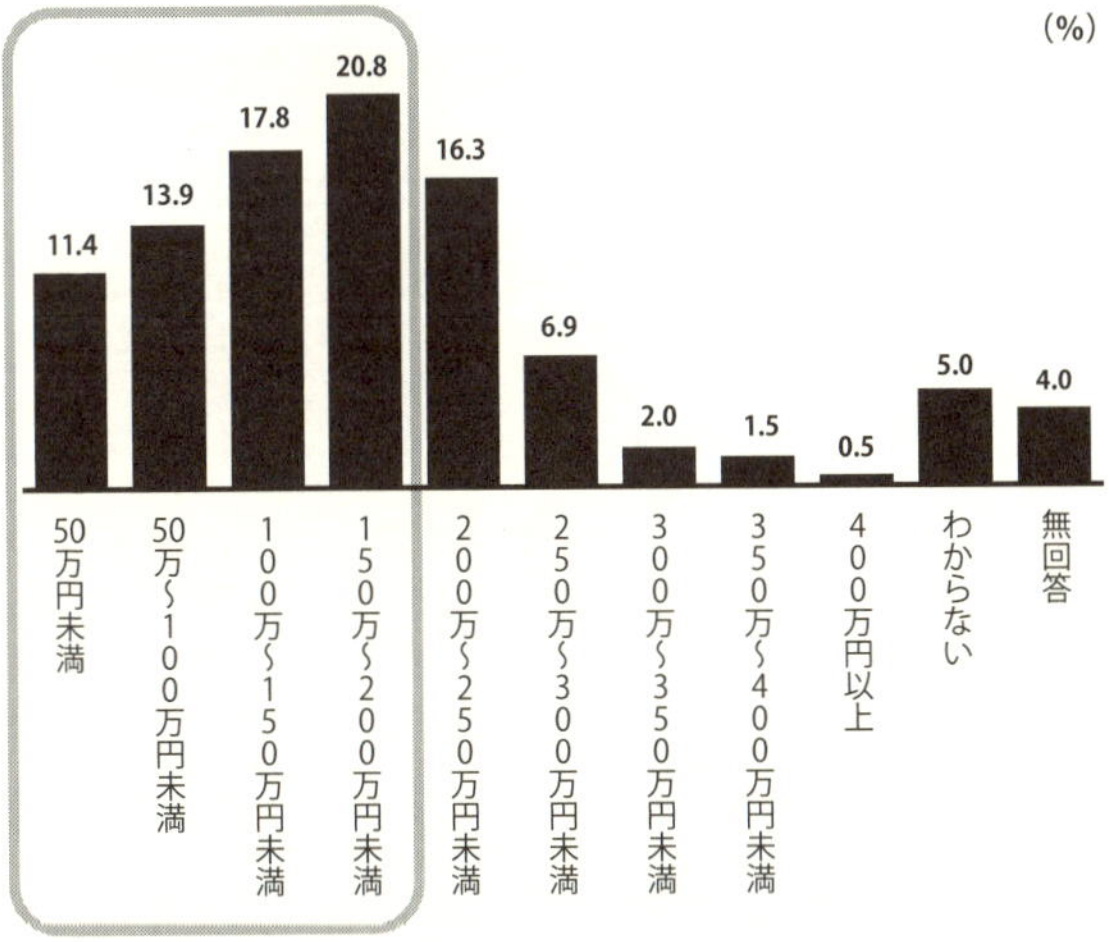

（5）世帯年収「200万円未満」が6割強

2022年の世帯年収（手取り額）は、200万円未満が全体の63・9％を占めている（図表6）。

就業率が8割近くを占めながら低所得にあるのは、雇用・就業が不安定であるだけでなく、社会保障給付の不十分さなど所得再分配が機能不全に陥っていることの表れである。

図表7　現在の収入源（2023調査）複数回答

注：「生活保護」回答者のうち1件は停止中

（6）現在の収入源

現在の収入源は「児童扶養手当」（77・7％）、「仕事の収入」（75・7％）、児童手当（75・2％）がそれぞれ高い割合を占める。ついで、「養育費」（17・3％）、「生活保護」（16・3％）となっている（**図表7**）。

図表8-1　利用する社会保険、医療制度

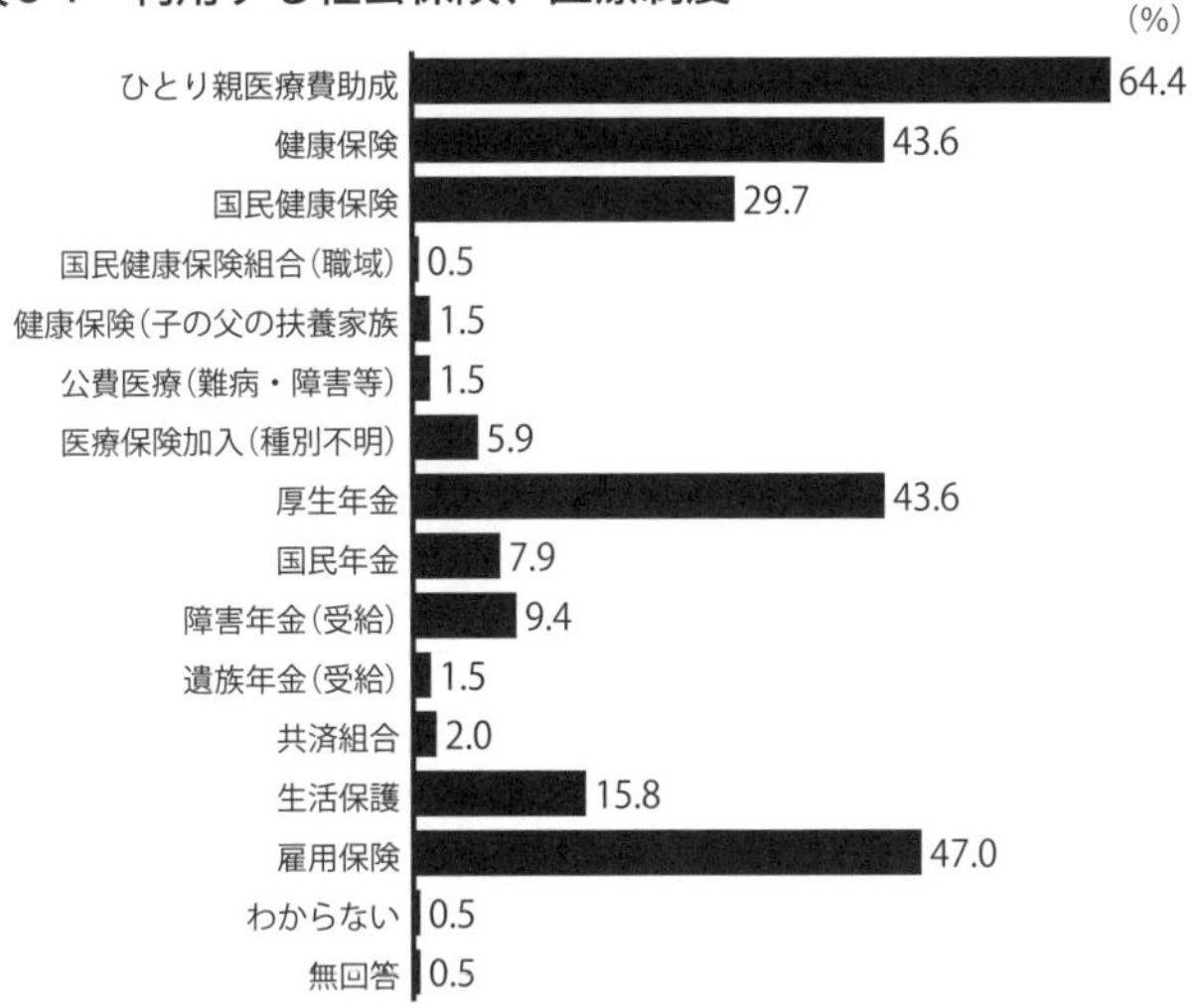

3　社会保障の利用状況

（1）社会保障の加入・利用状況
―被用者保険の加入率の低さ

加入する社会保険、医療制度についてたずねたところ（図表8－1）、最も加入率が高いのは、「ひとり親医療費助成」で64・4％である。

医療保険に加入しているシングルマザーは全体の83・2％である。そのうち被用者保険（「健康保険」「共済組合」「健康保険（子の父の扶養家族）」）の加入率は47・1％と低く、「国民健康保険」（市町村、職域含む）は30・2％となっている。

公的年金に加入あるいは受給中のシングルマザーは全体の64・4％で加入率そのものが低い。そのうち、被用者保険の加入率は45・5％（「厚

図表8-2　就業形態別にみた社会保険・生活保護の加入・利用状況（%）

就業形態別	医療保険加入率	健康保険・共済	国民健康保険	医療保険加入（種別不明）	厚生年金・共済	国民年金のみ	障害・遺族年金（受給）	雇用保険	生活保護
正社員・正規職員	100.0	96.2	3.8	0.0	96.2	0.0	3.8	94.2	1.9
パート・アルバイト	88.7	43.7	38.0	7.0	39.4	9.9	1.4	43.7	14.1
契約・派遣	94.4	72.2	16.7	5.6	72.2	5.6	5.6	72.2	0.0
自営業・フリーランス	100.0	10.0	90.0	0.0	10.0	40.0	20.0	10.0	0.0
就労支援事業所	71.4	0.0	57.1	14.3	0.0	0.0	28.6	14.3	28.6

生年金」43・6％、「共済組合」2・0％）で、「国民年金」は7・9％、年金給付を受けているのは「障害年金」で9・4％、「遺族年金」で1・5％となっている。「雇用保険」の加入率は47・0％、「生活保護」の利用率は15・8％となっている。

さらに、働いているシングルマザーの社会保険等の加入状況を就業形態別にみていくと（図表8-2）、「正社員・正規職員」の94・2〜96・2％、「契約・派遣社員」の72・2％が被用者保険（「健康保険・共済」「厚生年金・共済」「雇用保険」）に加入している。

一方で「パート・アルバイト」で被用者保険の適用を受けているのは約4割にとどまり、被用者でありながら約4割が「国民健康保険」に加入する状況である。他方で、7人に1人が「生活保護」（14・1％）を利用している。

「自営業・フリーランス」のシングルマザーについては、「国民健康保険」が9割を占めており、「国民年金」加入者は4割で、現在、障害年金あるいは遺族年金を受給しているのが2割と相対的に高い。「就労支援事業所・作業所」で働くシングルマザーに関しては、「国民健康保険」の割合が57・1％と相対的に高い。「生活保護」、「障害年金・遺族年金（いずれか）」の受給がそれぞれ28・6％と相対的に高いのが特徴である。

（2）児童扶養手当の利用状況（2022年度調査）

母子世帯の生活を支える「命綱」とも言われる児童扶養手当の利用状況についてもふれておきたい。シングルマザーの利用率は2022年調査で85・6％（「全額支給」が53・2％、「一部支給」が32・4％）であった。

これを就業状況別にみると、「働いている」世帯では、「全額支給」が46・4％、「一部支給」が37・6％で、受給していない世帯（「申請中」「過去に受給していた」「一度も受給していない」）が13・6％である。一方、「働いていない」世帯では、「全額支給」が72・3％と顕著に高く、「一部支給」は17・0％となっている。

さらに、就業形態別にみた利用状況（図表9）からわかる特徴を2点あげておきたい。第一に、「正社員・正規職員」では、「過去に受給していた」「一度も受給していない」「申請中」を合わせると児童扶養手当の支えがない世帯が3割にのぼる点である。利用の場合も「一部支給」が

図表9　就業形態別にみた児童扶養手当の利用状況（2022年度）

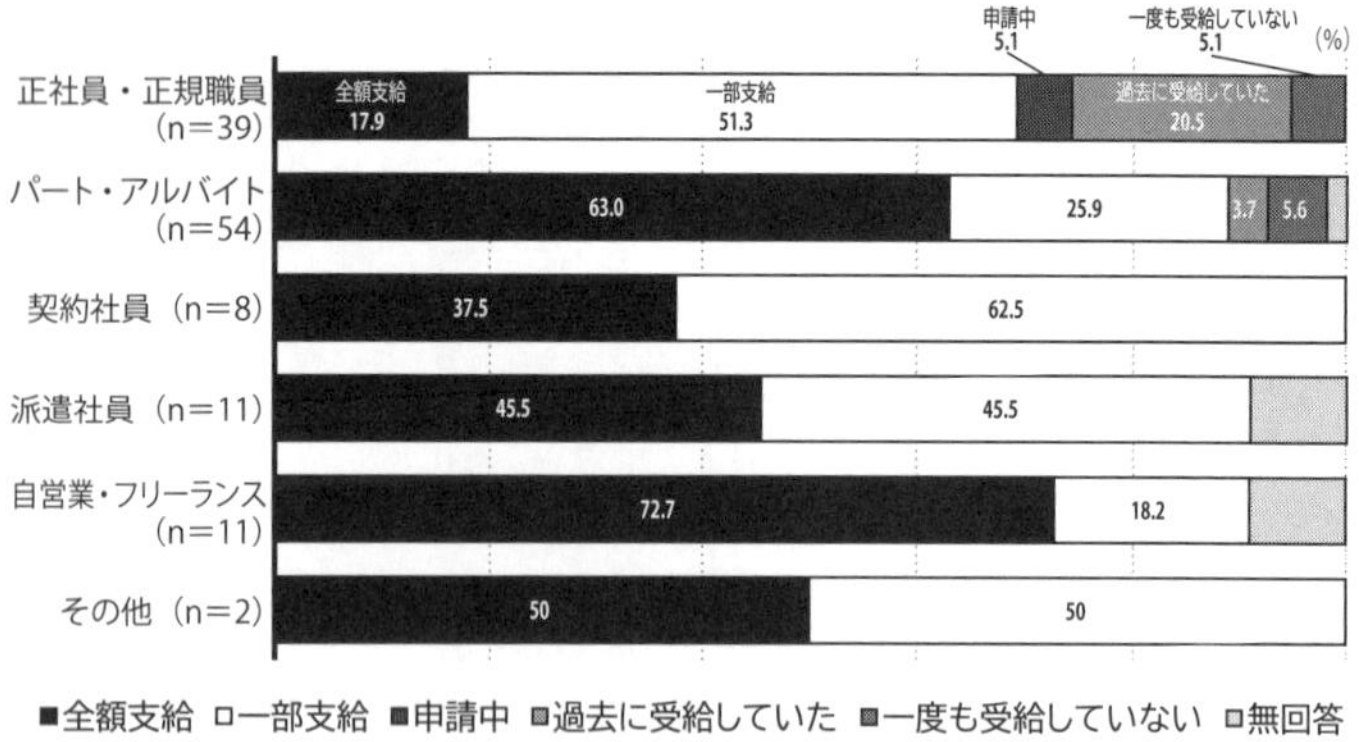

51・3%、「全額支給」は17・9%にとどまっている。このことから、雇用がより安定的であっても、所得制限により手当が「ない/減らされる」状況にあり、生活の経済的基盤は脆弱なままであることがわかる。

第二の特徴は、「自営業・フリーランス」および「パート・アルバイト」において、「全額支給」の割合が顕著に高い（それぞれに72・7%、63・0%）点である。稼働収入がより不安定な世帯にとって家計に占める手当の比重は大きい。その分、子どもの年齢要件（高校卒業後）による支給打ち切りの経済的影響はより高まると考えられる。児童扶養手当に対するシングルマザーの要望については後述する。

(3) 生活保護の利用状況

２０２３年調査では、生活保護について「現在利用している」が15・8%、「過去に利用していた」が7・4%、

「一度も利用していない」が75・2％であった。

以上のように、多くのシングルマザーが雇用・社会保障の安定的システムから守られていない状況が浮き彫りになった。このような環境は母子世帯の暮らしのなかみにどのような影響をもたらしているだろうか。

図表10-1　同居の子どもの数別、住まい形態（2023調査）

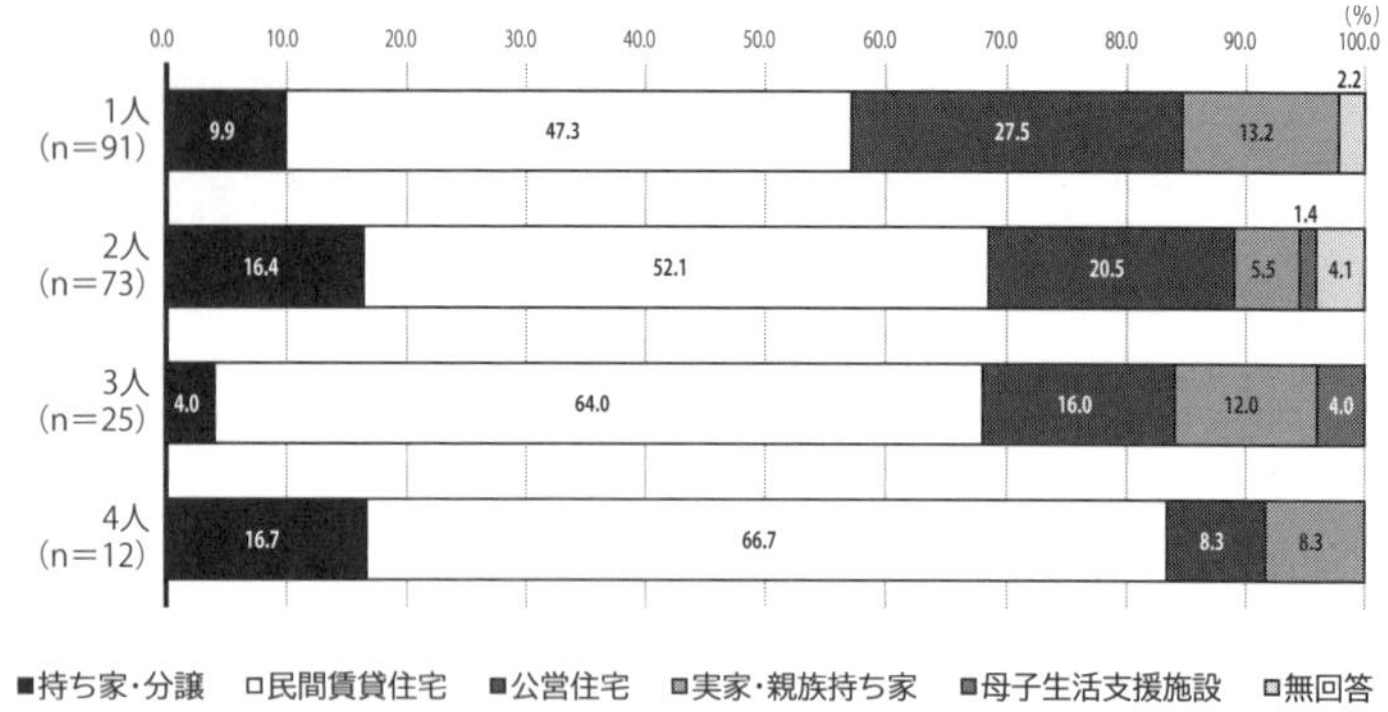

4　暮らしのなかみ、困りごと

（1）住まいの形態と住宅費
――過半数が民間賃貸住宅、6割が住宅費6万円未満

住まいの形態としては、「民間賃貸住宅」が52・5%と最も高く、ついで「公営住宅」22・3%、「持ち家・分譲マンション」11・9%、「実家・親族の持ち家」9・9%となっている。子どもの数別にみた特徴は、「公営住宅」の割合が「子ども1人」「子ども2人」の世帯で2割台と相対的に高く、「民間賃貸住宅」の割合は多子世帯（子ども3人以上）で3分の2と目立って高い点である（**図表10－1**）。

次に、毎月の住宅費（家賃・ローン）の支払い額をみてみよう（**図表10－2**）。平均月額は、4万9763円であり、全体の6割近くは6万円未満となっている。

これを世帯構成別にみると「母と子1人世帯」で4万7217円、「母と子2人世帯」で5万7999円、「母

図表10-2　住宅費（月）の支払い額（2023年調査）

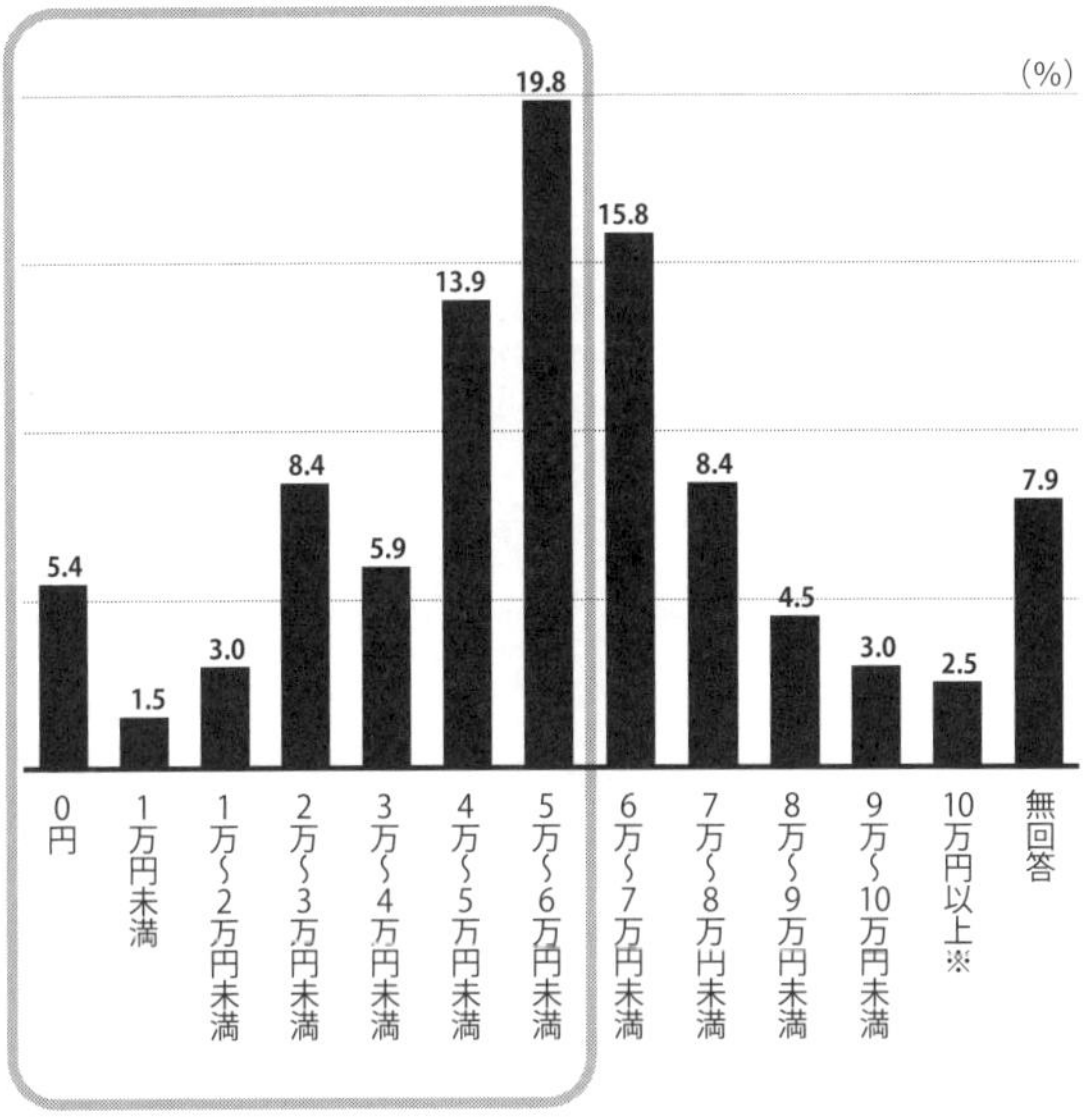

と子3人世帯」で5万642円、「母と子4人以上世帯」で6万820円と、住宅費用をかなり抑えていることがわかる。

住まいの形態別の住宅費の平均額は、「持家」で5万円、「民間賃貸住宅」で6万2497円、「公営住宅」で3万728円、「実家・親族持家」で2万1824円、「母子生活支援施設」で2万6350円となっている。

住まいに関する困りごと**（複数回答、図表10-3）**としては、「建物が古い」が41・1%、「結露・カビがでやすい」が33・7%、「転居したいが費用が足りない」が32・2%、「家賃・住宅ローンが高い」が31・7%となっている。自由記述では、「**賃貸住宅の家賃補助がほしい**」、「**公営住宅の家賃が高くな**

図表10-3　住まいの困りごと（2023年調査）

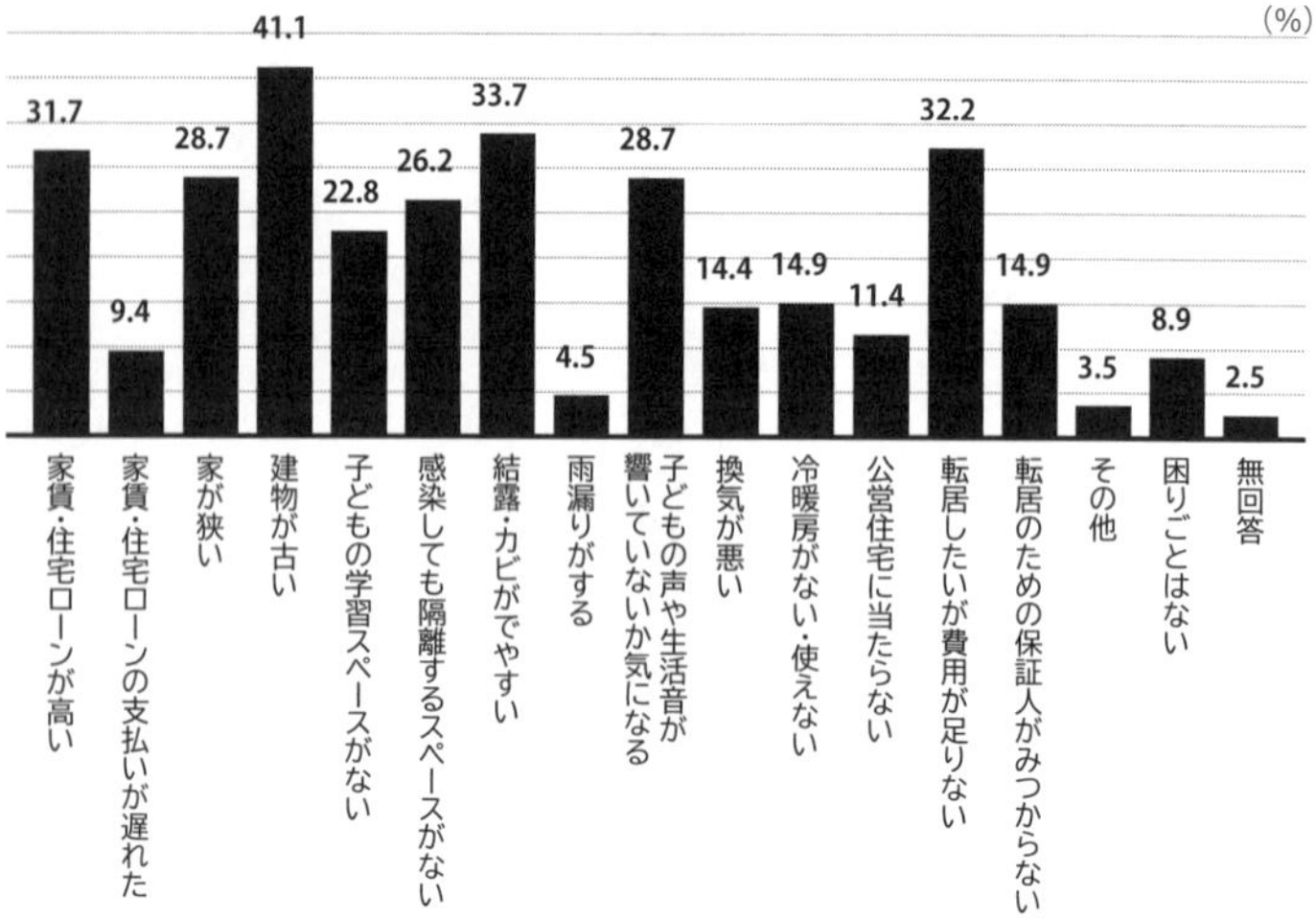

る可能性があると役所から通知がきて不安」、「日当たりが悪い、シャワーがない」「子どもと３人で住みたいが、転居費用や保証人がなく、家を借りられない」などの声が寄せられている。

（2）家計の状況

こうして住宅費を抑えてもなお、手元に残る金額が10万円に満たない世帯は、全体の６割超である（図表11）。

そして家計の厳しさは食費にしわ寄せされる。食費の平均月額は３万４９９２円（１１６０円／日）で、総務省「家計調査」（２０２３年度）の「２人以上世帯」の食費８万６５５４円（２８８５円／日）に照らせば、一般世帯の４割の水準である。

これを世帯構成別にみると（図表12）、子ども

図表11　住宅費支払後に手元に残る金額（2023年調査）

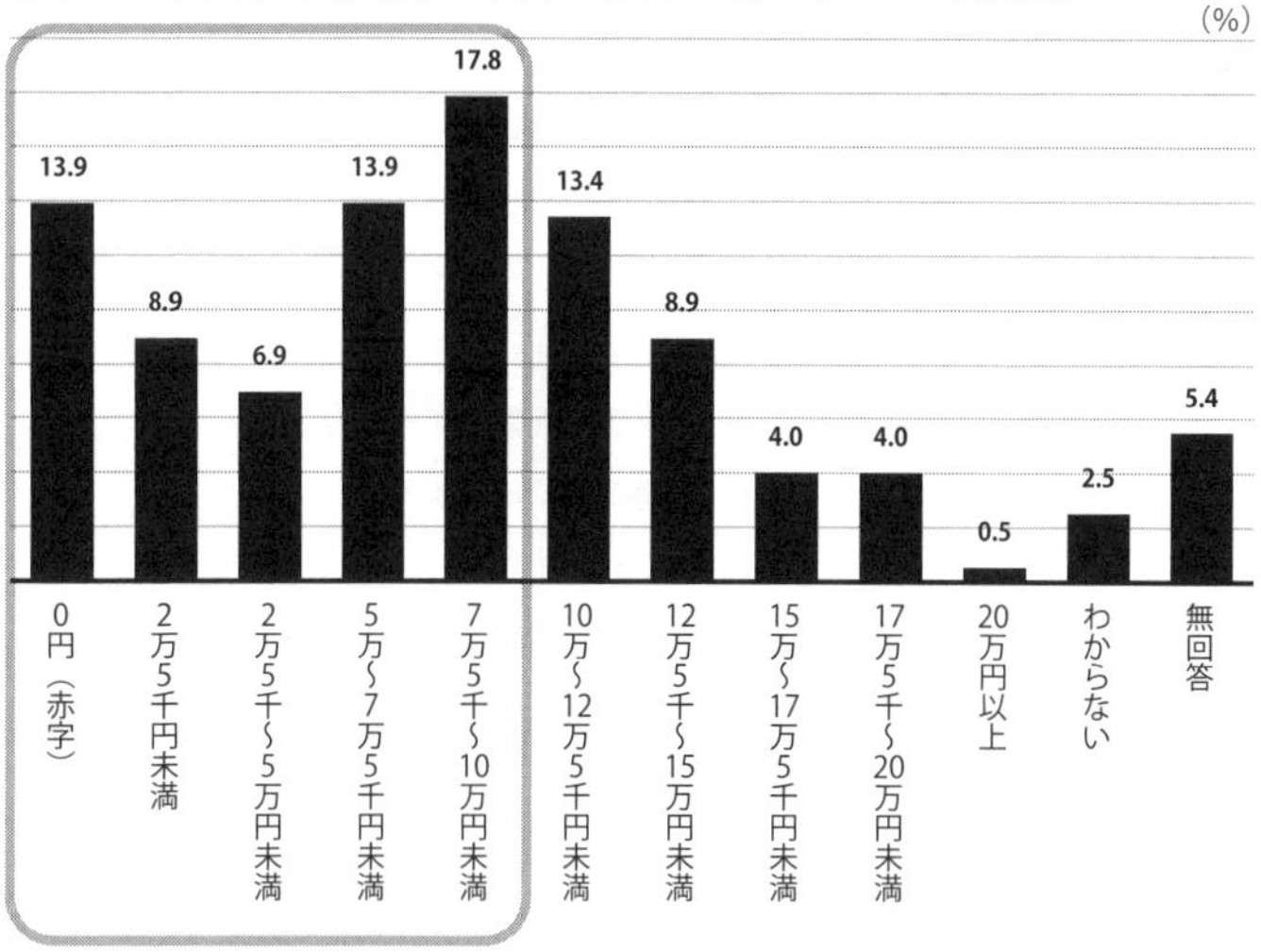

図表12　世帯構成別にみた食費平均額

世帯構成	月額	日額
母と子1人	28,831	961
母と子2人	32,848	1,095
母と子3人	45,609	1,520
母と子4人以上	64,545	2,152

※独立母子世帯のみ

1人で2万8831円（961円／日）、子ども2人で3万2848円（1095円／日）、子ども3人で4万5609円（1520円／日）、4人以上で6万4545円（2152円／日）となる（**図表12**）。

（3）家計のなかで切り詰めた、あきらめたもの

過去3カ月間、切り詰めた、あきらめた支出（**複数回答、図表13**）として、顕著に割合が高いのは「靴・衣料品代（ママ用）」の79・7%、「美容費・化粧品代」の70・8%である。ついで「お

図表13　過去3ヶ月で家計を切り詰めたり、あきらめたもの（複数回答）

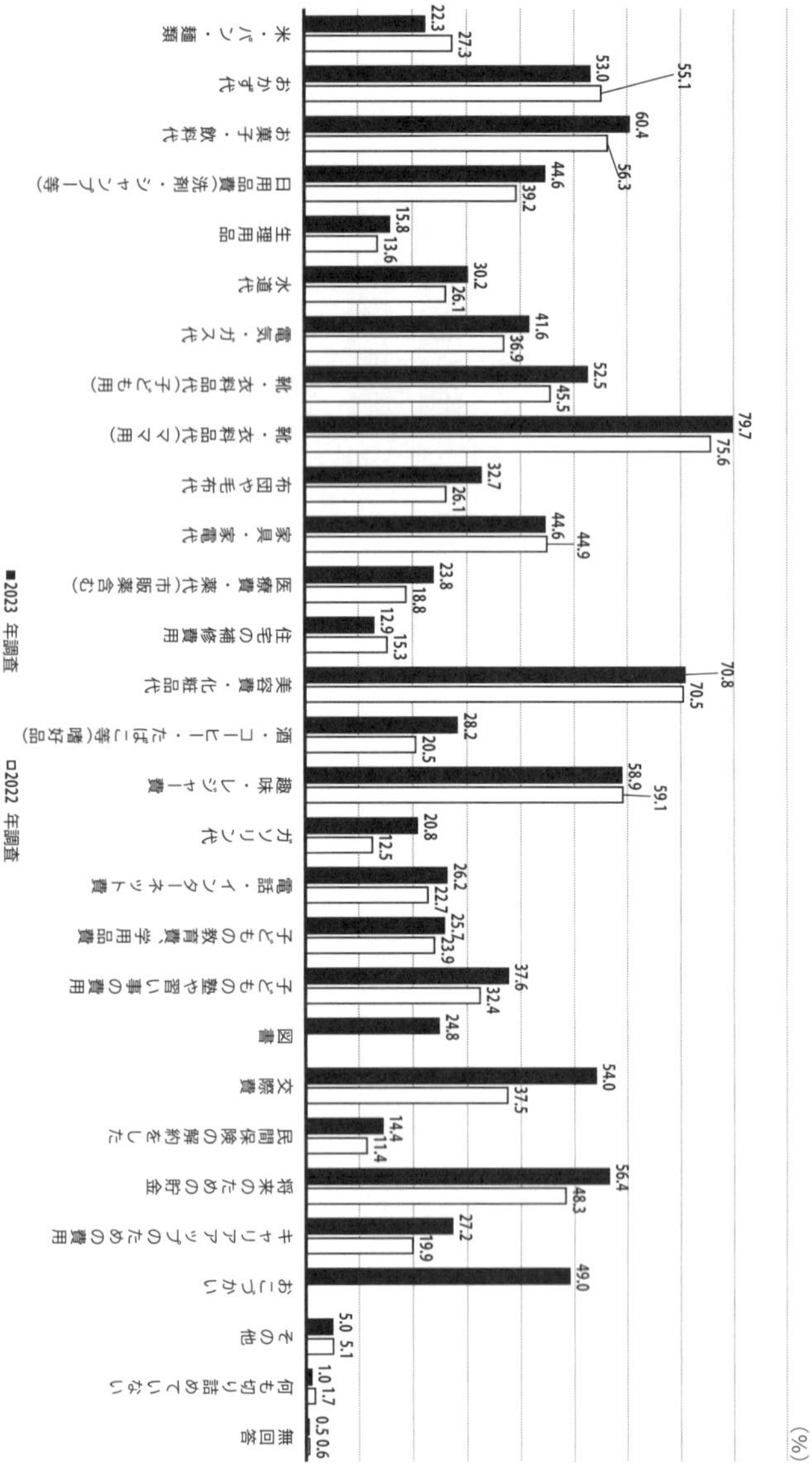

菓子・飲料代」（60・4％）、「趣味・レジャー費」（58・9％）、「交際費」（54・0％）、「おかず代」（53・0％）、「靴・衣料品代（子ども用）」（52・5％）も過半数が切り詰めており、これらのほとんどの費目において前年調査より回答率が上昇している。このことから、物価高の状況で、生活必需の費用（住宅費、主食費、水光熱費）の支出を捻出するために、母自身のための費用余暇・交際費用、おかず・おやつ代、被服費を削らざるを得ない状況がわかる。

（4）暮らしのなかの「困りごと」

生活費の困りごと（**複数回答、図表14**）については、「物価上昇による家計圧迫」が69・8％と顕著に高い。ついで「水・光熱費がかさむ」（54・5％）、「食費が足りない」（48・0％）、「被服費が足りない」（43・1％）など、生活必需の費用の不足も高い割合をしめている。毎月の支払いに足りない状況において、「貯金ができない」世帯は全体の4分の3を占めており、現在の生活のみならず「自身の将来や老後の生活に不安がある」と回答したシングルマザーは7割近くに達している。

家事・育児に関する困りごと（**複数回答、図表15**）は、「自分が病気になったら代わりがいない」が68・3％と顕著に高く、ついで「家事・育児がとても疲れる」が49・0％、「子どもと関わる

図表14　生活費の困りごと（複数回答）

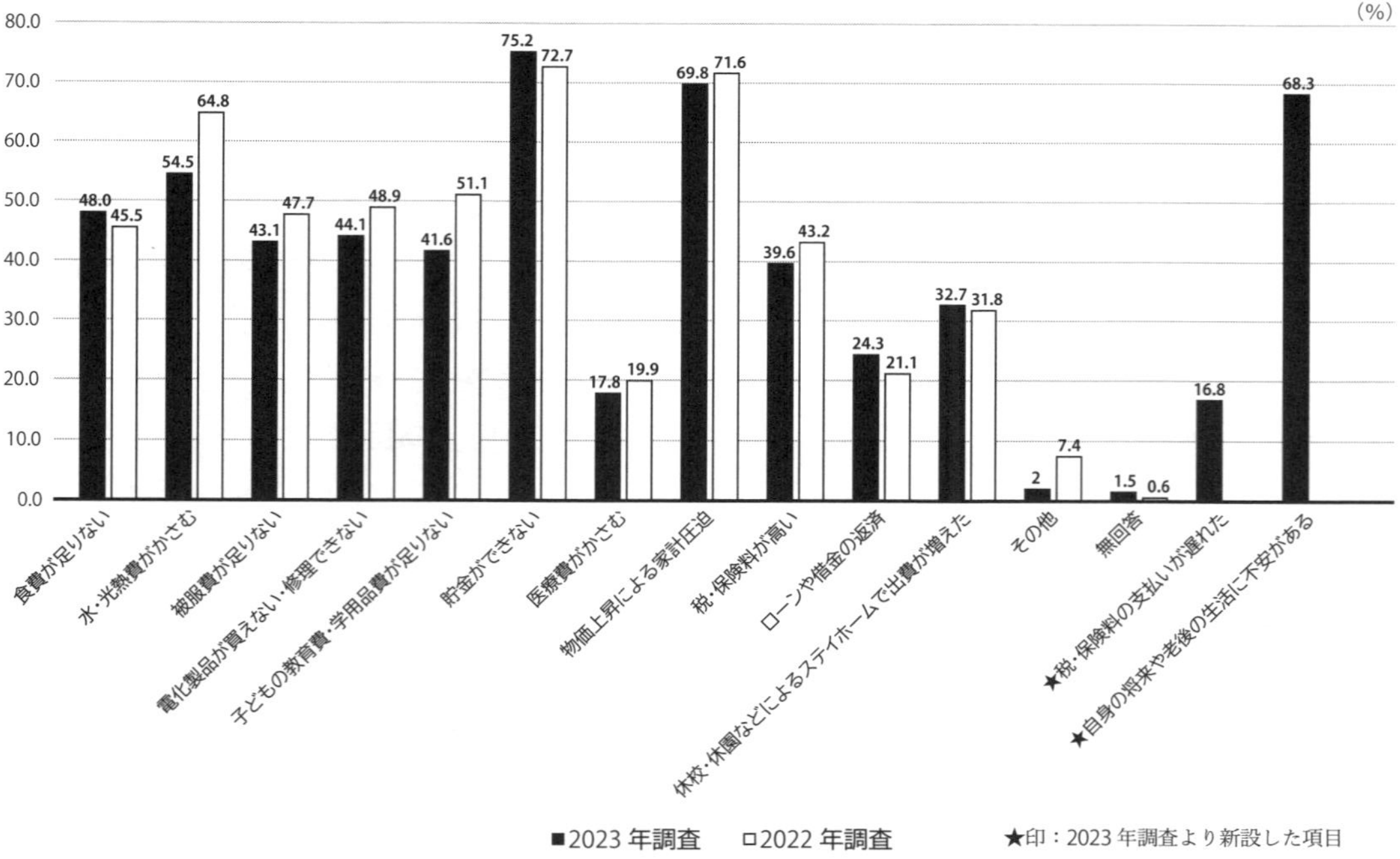
(%)
80.0
70.0
60.0
50.0
40.0
30.0
20.0
10.0
0.0
48.0
45.5
54.5
64.8
43.1
47.7
44.1
48.9
41.6
51.1
75.2
72.7
17.8
19.9
69.8
71.6
39.6
43.2
24.3
21.1
32.7
31.8
2
7.4
1.5
0.6
16.8
68.3
食費が足りない
水・光熱費がかさむ
被服費が足りない
電化製品が買えない・修理できない
子どもの教育費・学用品費が足りない
貯金ができない
医療費がかさむ
物価上昇による家計圧迫
税・保険料が高い
ローンや借金の返済
休校・休園などによるステイホームで出費が増えた
その他
無回答
★税・保険料の支払いが遅れた
★自身の将来や老後の生活に不安がある
■2023 年調査
□2022 年調査
★印：2023 年調査より新設した項目

時間が十分とれない」が39・6％となっている。自由記述では、「**気絶することもできません**」「**入院した時（子どもの）入所先がなかなか見つからない**」「**いつ子どもが熱をだすか、いつもひやひやしてストレスに感じる**」との声も寄せられている。

図表15　家事・育児の困りごと（複数回答）

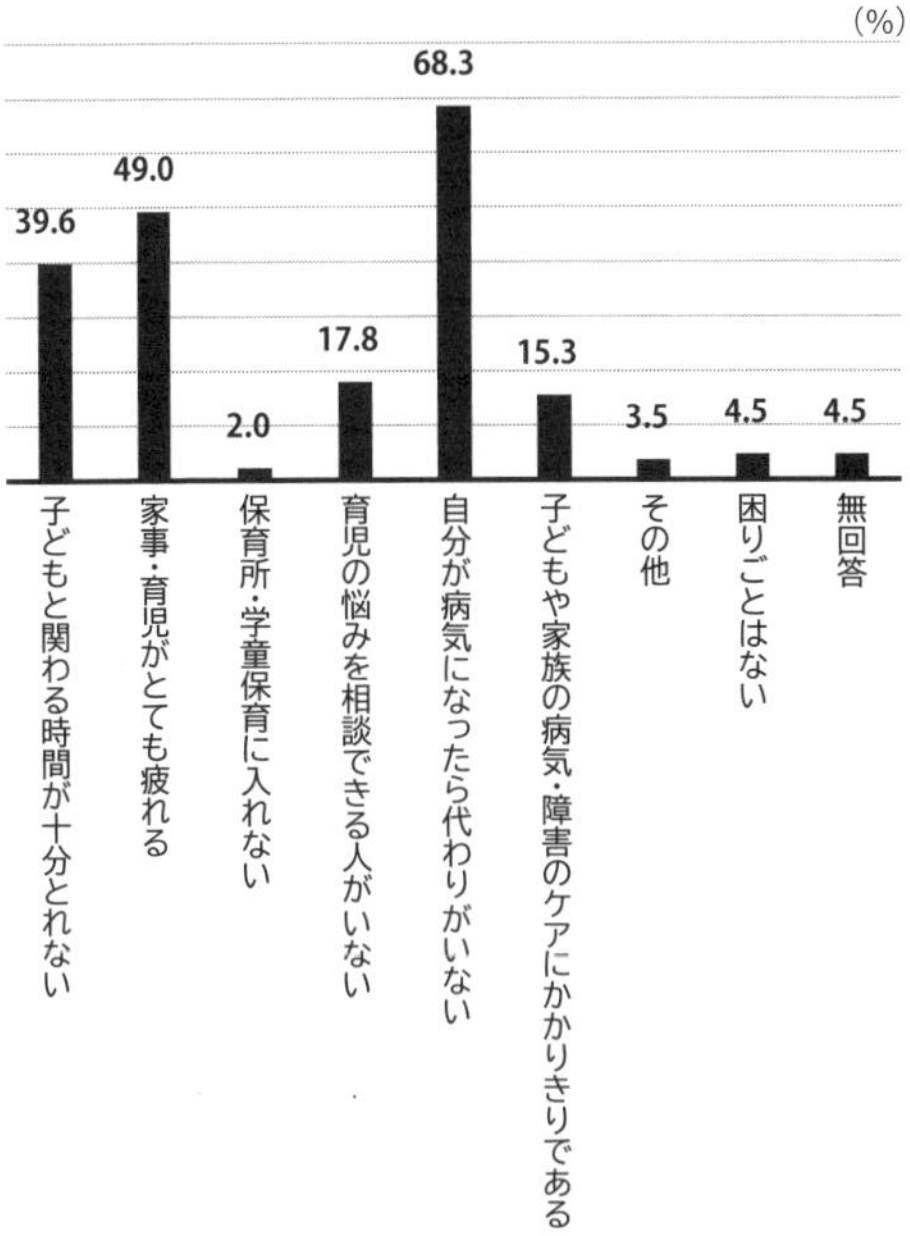

（５）子どもについての悩み

子どもについての悩み**（複数回答、図表16）**としては、「教育費・進学費用のこと」が68・2％と最も多い（とくに中学生以上の子どものいる世帯で76・7％にのぼっている）。ついで、「反抗期・思春期への対応」が42・3％、「学習意欲や学力のこと」が41・3％、「子どもの育ち・発達のこと」が36・8％を占めている。

自由記述では、「**今の学童が会わない。民間学童は月10万円くらいかか**

り無理」「大学進学が大変」「部費が高い」「少し怒りすぎてしまったりすることがあった（泣）」などの声が寄せられている。

図表16　子どもについての悩み（複数回答）

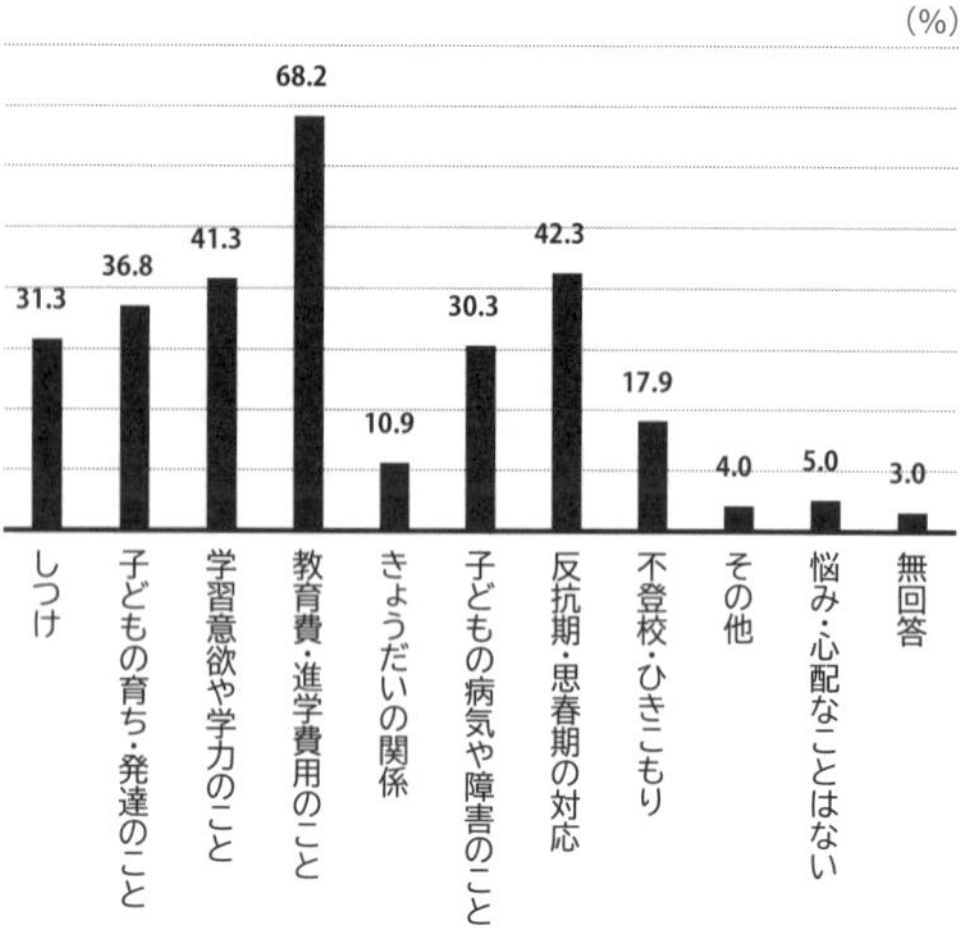

（6）シングルマザーの健康─睡眠・食事の不足、心身の病気・不調

①睡眠と食事

以上のような不安定な生活の影響は、シングルマザーの健康状態に表れている。普段の睡眠時間が「6時間以上」は全体の4割に満たず、6時間未満が61・4%と高率を占めている（**図表17**）。シングルマザーの食生活（**複数回答、図表18**）については、「1日2食が多い」が46・5%で、「1日1食が多い」を合わせると5割を占めている。また、「子どもを優先して自分の食べる量を抑えている」が41・1%を占めている。

このように、多くのシングルマザーは、日々の仕事や育児を維持するに必要な睡眠、食事さえも削りながら、毎日の生活をなんとかやりくりしている状況にある。

さらに睡眠と食事の状況を就業状況別にみておこう。「働いている」シングルマザーの6割は睡眠時間6時間を切る状況で、過半数は1日2食以下である。一方、「働いていない」シングルマザーについても同様に、6割強が睡眠6時間未満であるが、「4時間未満」の回答率が26・8%と、より短い傾向にある。「1日3食」の回答も17・1%と非常に低く、「子どもを優先して自分の食べ

図表17　就業状況別にみたママの睡眠時間

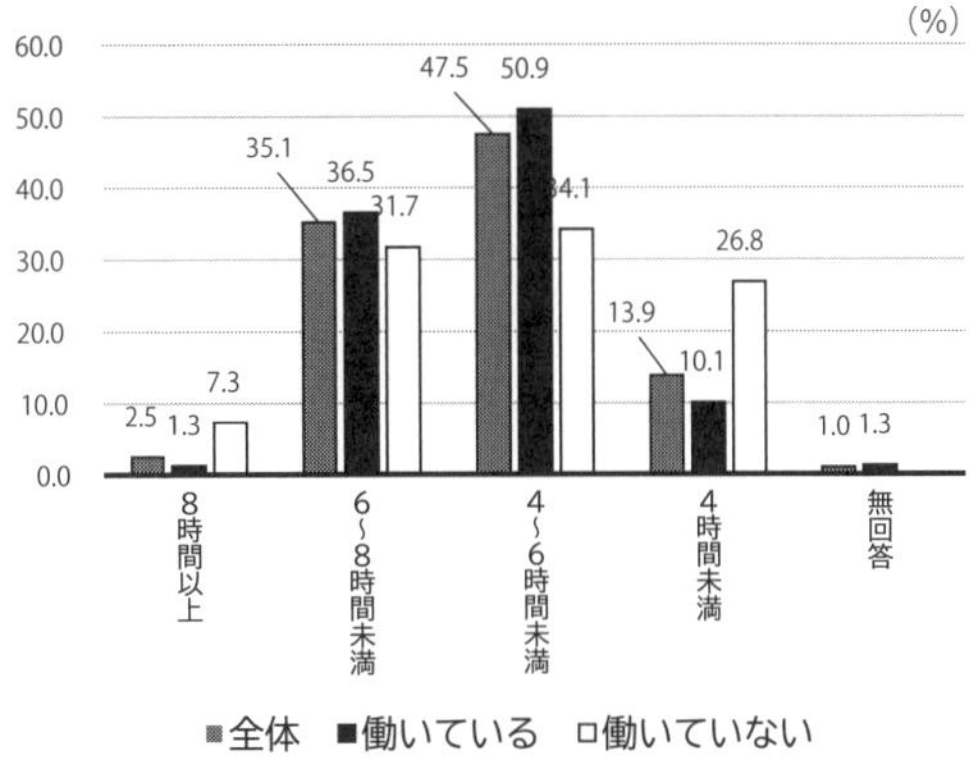

図表18　就業状況別にみたママの食生活（複数回答）

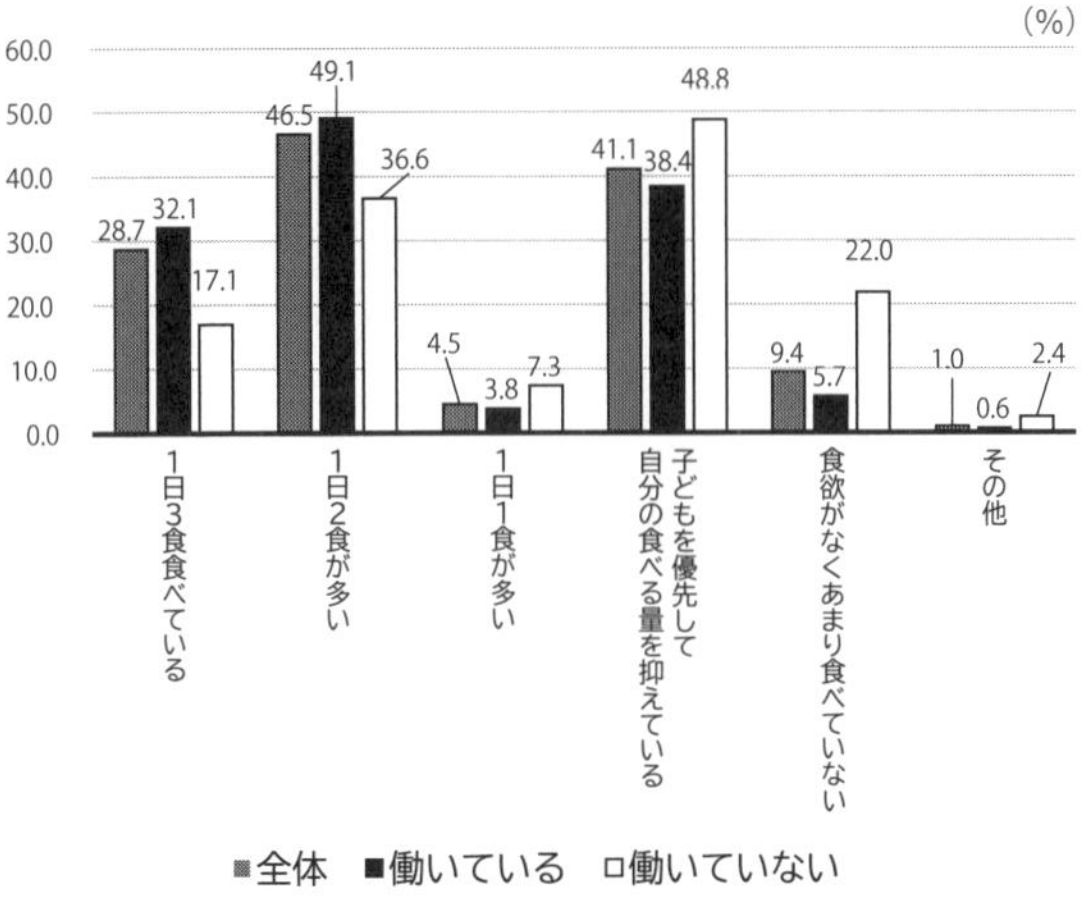

る量を抑えている」（48・8％）、「食欲がなくあまり食べていない」（22・0％）の割合が顕著に高い。

自由記述では、**「3食食べるが、量・品数を減らす」「お昼だけ」「バランスが悪いです。たんぱく質、牛乳、野菜、果物不足」**などの声が寄せられている。

②普段の体調

つぎに、シングルマザーの普段の体調についてみてみよう（**図表19**）。「体調は良好である」と回答したのはわずか2・5％で、大多数のシングルマザーは心身面で何らかの不調を抱えている。全体の回答率が高いものとしては「疲労感がたまっている」が84・7％、「肩こり・腰痛」が68・3％、「よく頭痛がする」が51・5％、「よく眠れない」が51・2％となっている。

これを就業状況別にみると、「働いている」シングルマザーについては、全体の傾向と同じく「疲労感がたまっている」（86・8％）、「肩こり・腰痛」（70・4％）が相対的に高い。

一方、「働いていない」シングルマザーも「疲労感がたまっている」（75・6％）の割合が非常に高いが、特徴的であるのは「病院にかかっている」（85・4％）、「持病がある」（68・3％）、「うつ症状がある」（68・3％）、「障害がある」（46・3％）など、医療・福祉が必要な状態にある人の割合が目立って高いことである。さらに「よく眠れない」（70・7％）、「目の疲れ・視力低下」（61・0％）、「気分が晴れない」（53・7％）、「よく頭痛がする」（58・5％）、「めまいがする」（51・２％）も、「働いている」シングルマザーの回答率より顕著に高い。そして、そのような状況にあっても４人に１人は「受診を手控えたことがある」と回答している。

③定期健康診断の受検状況

次に、定期健康診断の受検状況については、「毎年受けている」が回答者全体の47・０％で、「数年に１回」が20・３％、「過去３年間受けていない」が29・７％となっている。これを就業状況別にみると、「働いている」シングルマザーのうち「毎年受けている」は54・７％、「数年に１回」は18・２％、「過去３年間受けていない」は25・８％である。職場がありながら、44％は定期健康診断を受けていない。一方「働いていない」シングルマザーで「毎年受けている」のは19・５％にとどまり、「数年に１回」が24・４％となっている。とくに「過去３年間受けていない」は46・３％と目立って高い。

自由回答では「**不眠と倒れるのをくりかえしている**」「**病院に行く時間がない**」「**うつ状態で休職中**」「**病気が治らず３カ月目**」「**検診に行っていない。ガンなど手術が必要な病気でも見つかったら余計嫌だから**」「**毎日辛くて死にたいと思う時がある**」との声も寄せられている。

図表19　就業状況別にみたシングルマザーの体調（複数回答）

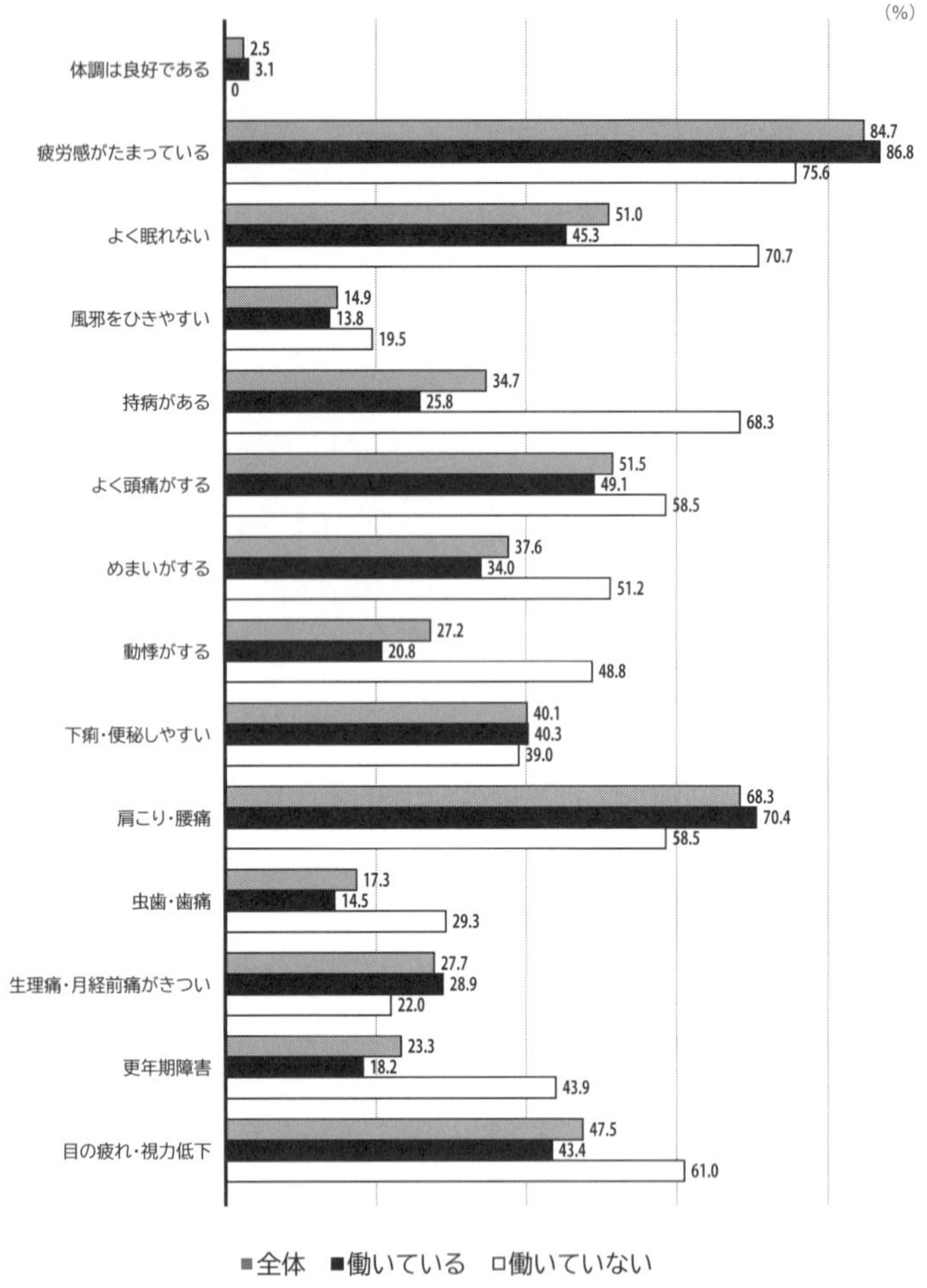

図表20　母子世帯への施策に必要だと思うこと（複数回答）

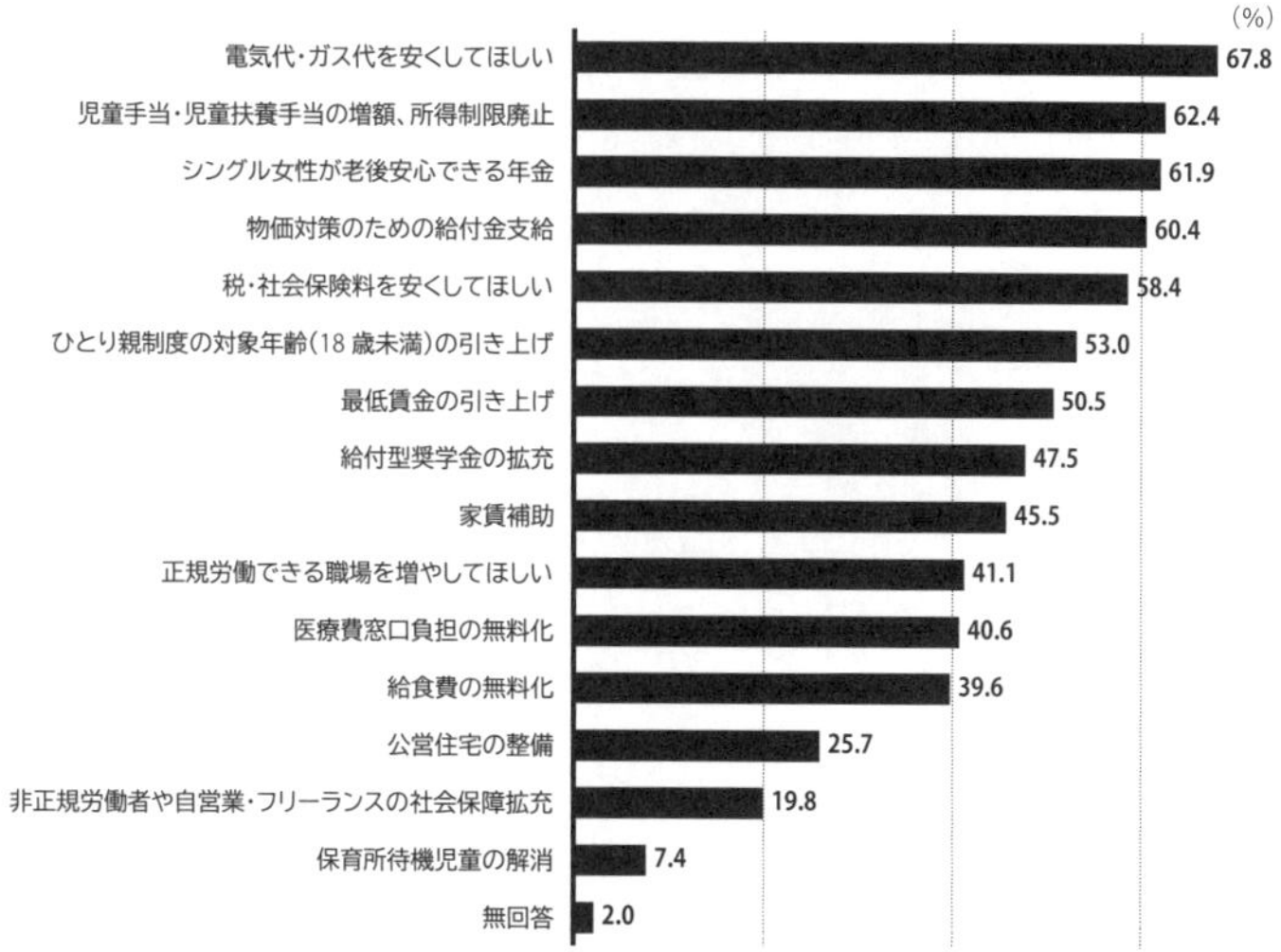

5. ママたちが支援に求めるもの

(1) 母子世帯への施策に必要だと思うこと

物価高騰が長期化するなかで、シングルマザーからは「電気代、ガス代を安くしてほしい」(67・8%)、「物価対策の給付金支給」(61・9%)、「税・保険料を安くしてほしい」(58・4%)など、物価対策、効果的な所得再分配を求める多くの声が寄せられた。

母子福祉施策については、「児童手当・児童扶養手当の増額、所得制限廃止」が62・4%、「ひとり親制度の対象年齢（18歳未満）の引き上げ」が53・0%、「医療費窓口負担の無料化」が40・6%など、給付水準の引き上げ、所得制限や子の年齢要件の撤廃を求める割合も高い。

また、住宅や教育に対する公共施策への要望として「家賃補助」（45・5％）、「給付型奨学金の拡充」（47・5％）、「給食費の無料化」（39・6％）も多くのシングルマザーが要望している。さらには、「シングル女性が老後安心できる年金」も61・9％と非常に高い割合にある。現在のみならず、子どもが独立した後の将来、老後を見すえた社会保障の強化を求める声が強い。

自由記述欄には、養育費に対する要望も多く寄せられている。「**養育費の支払いを義務化してほしい**」「**養育費を国や地方が押さえてほしい**」「**養育費算定表の引き上げ。物価は上がっているのに算定表は変わっていない**」などである。また、「**婚姻中に受ける暴力や嫌がらせを罰する立法が大事だと思う。私みたいな人を増やさないためにも**」、「**離婚できず別居の母子への保障をしてほしい**」「**ひとり親と子が安心して住める所**」「**引っ越し費用の補助**」など、DV被害への対応策の強化を求める声も寄せられた。

就業に関しては「**安定した給料**」「**年齢問わず職業を選び正規労働できる環境**」「**職業訓練**」を求める声が寄せられている。養育・教育に関しては、「**子どもを日祝預けられるところがほしい**」「**病児保育や延長保育料金の無償化**」「**予防接種の無料化**」「**病気や障害児、不登校児童を抱える母の労働と家事をサポートしてほしい**」「**私は頼れる身内がいなく一人っ子だから全て自分が背負うことが辛い。一人一人の生活状況に合わせた支援がほしい**」「**今は大学か専門学校等進学が多いので、進学への助成を全国で考えてほしい**」「**大学の完全無償化**」を望む声が寄せられ

図表21　児童扶養手当の問題点・改善すべき点（2022年調査）
（複数回答）

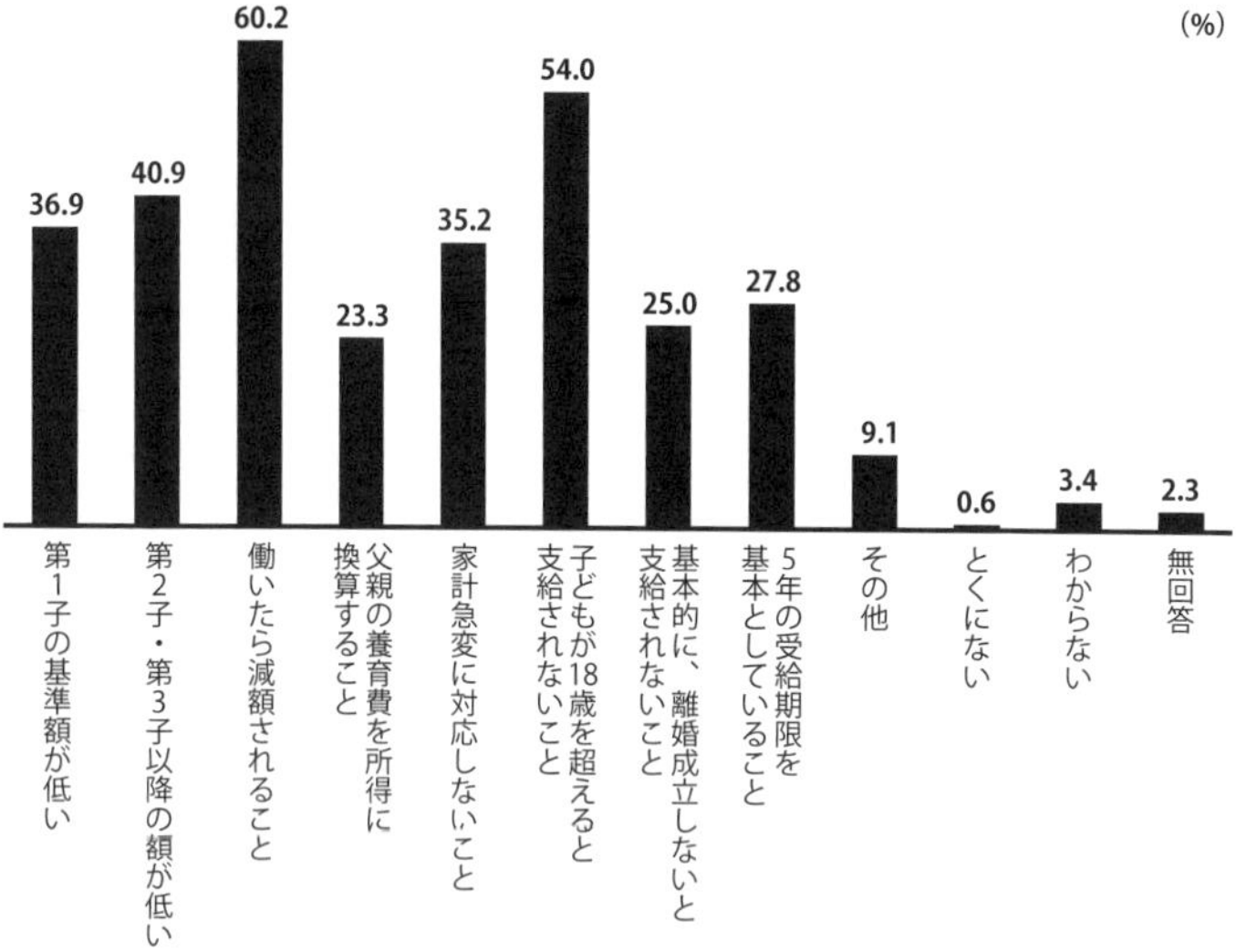

ている。

（2）公的福祉制度に対して改善を求める声—児童扶養手当、生活保護制度

ここではとくに、母子世帯の所得保障制度の柱となる児童扶養手当と生活保護のあり方に対するシングルマザーの声に耳を傾けていきたい。

①働くほど減額される仕組みの改善を（児童扶養手当）

児童扶養手当の支給の問題点・改善点として、最も回答が多かったのは「働いたら減額される」で、60・2％にのぼった（図表21）。自由記述では、「**正社員になって、児童扶養手当が停止された。子ども**

が3人いての停止は生活がきついです」「より稼ぐことは、それと引き換えに子どもとの時間や家事・睡眠の時間を削っている場合が多いので、手当と働いた額をそのままいただけるのが有難いです」「収入によって支給なしとなったが、それにより医療費助成も無くなり、収入が増えた分より自己負担が大きくなった。その為病院受診を控えることが多くなってしまった。もっと段階的にしてほしい。」との声が寄せられている。

給付水準については、「第2子・第3子以降の額が低い」（40・9％）、「第1子の基準額が低い」（36・9％）が高率である。さらに、制度の谷間の問題として、「子どもが18歳を超えると支給されないこと」が54・0％と過半数を占めている。「**学生の間は支給して欲しい**」など、高校卒業してからも教育費はかさむなかで、支給打ち切りとなることへの改善を求める声も多い。また、「家計急変に対応しない」（35・2％）、「基本的に離婚成立しないと支給されない」（25・0％）など、生活状況が最も苦しい時期に即応できない問題も多く指摘されている。「**子ども2人連れでDV・モラハラから逃げてきたが、離婚が成立していないと支給対象外と言われ、生活がとても苦しかった**」「**精神的DVで夫から逃れ、離婚も同意してもらえず、婚姻費用も児童扶養手当ももらえない人がいると知ってとても厳しいと思いました**」など、児童扶養手当がDVから逃げた後の経済的支援として機能できていないことも指摘されている。

図表22　生活保護を利用しない理由（複数回答）

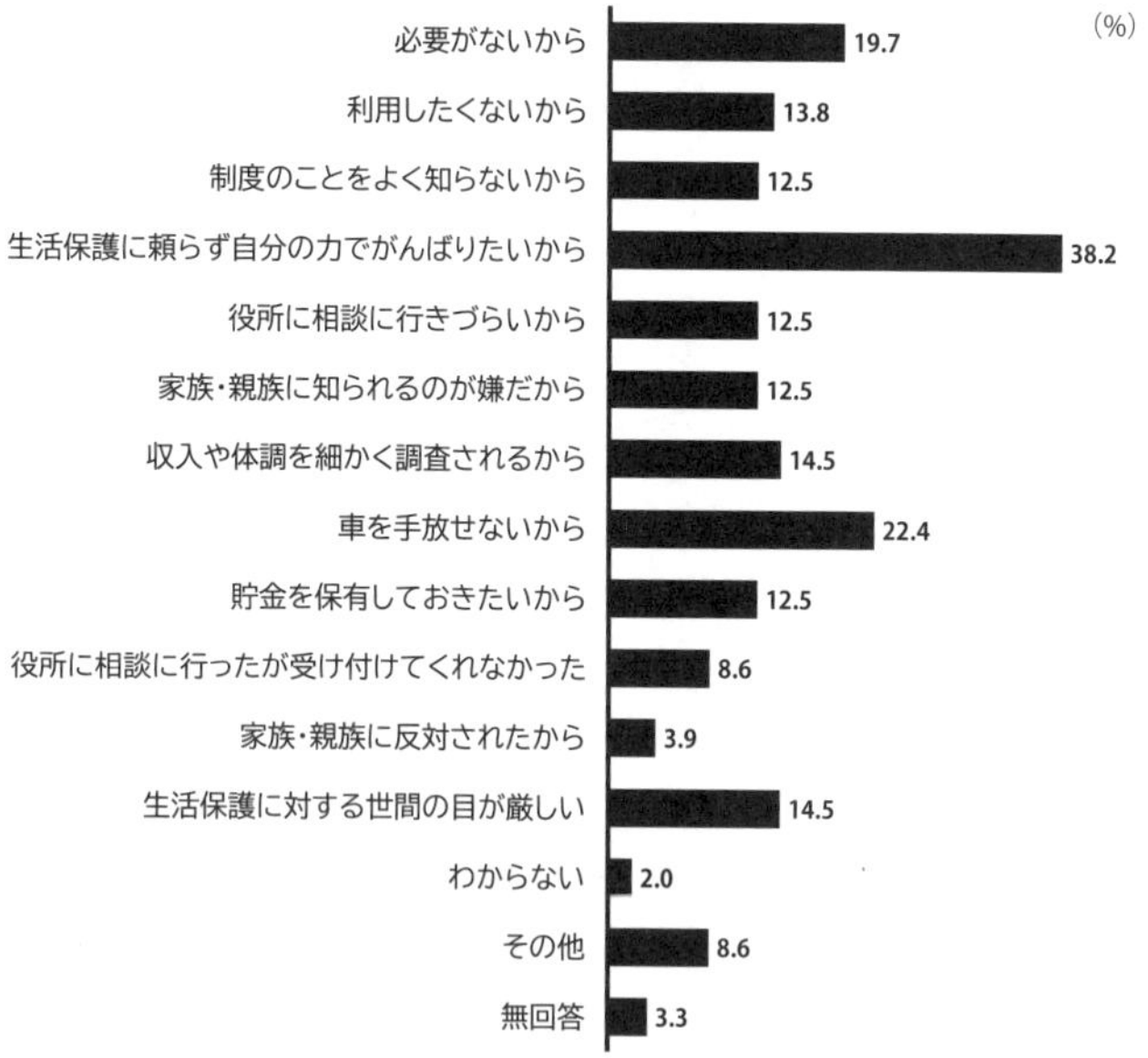

②生活保護を利用しない理由

次に生活保護制度に対するシングルマザーの思いを紹介したい。これまで述べてきたように、多くのシングルマザーが就業しながらも不安定就業・低賃金であった。このような経済的困窮に直接対応するのが、生活保護制度である。しかしながら、多くのシングルマザーからは利用に対して消極的な意見が寄せられている（**図表22**）。

まず、一度も利用していないシングルマザーにその理由をたずねたところ、「生活保護に頼らず自分の力でがんばりたいから」が最も多く、38・2％であった。ついで「車を手放せないから」が22・4％、「必要がないから」が19・7％となっている。

自由記述では、「**周りに勧められても、娘の状況的に、車なしではサポートと生活がとても成り立たないから申請を控えた**」「**学資保険がある間は、それを使ってからしか受付できないと役所に言われた。子どものためのお金を使うくらいなら、最小限で節約して生活したほうがいい**」など、車や学資保険の保有が認められない制度の問題を指摘する声もある。また「**引っ越しさせられるから**」「**子どもの障害や病気の決まった病院があり、病院を市に決められると行けなくなるので困る**」など、利用によって自由が制約されることへの懸念も寄せられている。そして、「**子どもに生活保護でつらい目にあってほしくない**」との意見からは、生活保護に対する冷たいまなざしが利用を遠ざけていることがうかがえる。また、「**我が家も生活は厳しいけれど、食べることはできているし、奨学金を利用して子どもたちは学校に行けている。本当に大変な人たちがいっぱいいるので、そういう人たちに保護が届くと良いなと思う**」という意見からは、「本当に大変な人」でなければ受けるにふさわしくないという生活保護へのイメージがうかがえる。

③生活保護を利用して変化したこと（自由記述）

アンケートでは、生活保護の利用者や過去に利用したことのあるシングルマザーに「生活保護を利用してどのような変化がありましたか」とたずね、47人中40人からの回答を得た。その声の一部を紹介したい。

【暮らしが安定した】

「離婚してすぐに、乳児をかかえて仕事が安定するまでの間、最低限の生活をすることができた」「人生で、初めて普通の暮らしができたと感じた」「生きれた。子どもの服や用品も買えたので冬が越せた。私と子どもが生きてこれたのは、あの時利用させてただたいたからと感謝している」、「子どもの病気で仕事を休むと収入が減るが、不足分が翌月に振り込まれたりと、生活が安定していた」「病気で働けないので、家賃と最低の保障があるので生活がなんとか成り立っています」

【精神的なゆとり、不安感の和らぎ】

「毎月決まった金額がある安心感」「生活にゆとりがあり安心できた」「病気でパートの収入が減った時も心配しなくてよい」「私は障害があるので、仕事の面でがんばって働くとか考えなくて不安感がないのでよい」「あくせく働かなくて助かりました。発達障害の子どもがふたりいたので、毎日必死に働くことができず、少し楽ができました」「1年半ほど利用しました。その時は子どもと向き合う事ができて、会話も増え、収入の心配をすることがなかったので、イライラが減っていた」「自立した息子たちが私の心配をしなくてよい」

【安心して病気の治療ができる】

「私と子どもが持病をもっているため、病院代は気にせず通院できる」「病院に行ける→薬で安定してきた」

【支援者の伴走】

「行政とつながれたこと。担当ケースワーカーと利用の停止・廃止に向けた計画をしたり、この先のことを一緒に考えてくれている」

このように生活保護制度を利用することによって生活の安定化、精神的なゆとりを取り戻すことができるとの声が多く寄せられた。一方で、制度がもつ制約や行政の対応、制度につきまとうネガティブなイメージについても多くの声が寄せられた。

④生活保護が抱える問題点

【物価高ではやりくりが難しい】

「最低限の生活費はもらえてますが、物価高で、まったくやりくりが難しいです。世の中にあった保護費にすぐあげて下さい！冬がくると…泣きたいです…」「生活保護で収入はコロナ前と変わらないが、物価が上がって苦しくなっている」「たまに足りないときがあるので、そのときがつらいです」など、物価高に応じた給付額への改善を求める声が寄せられている。さらに、**「自分がフルタイムで働いて、子どもがバイトすると実質廃止になる。収入申告が厳しく監視されている」「受給は子どもが高校生までで、19歳以降は減額される。そこが心配で仕事を探し、(生活保護を)抜けました。うちの子は精神的に弱い部分があり、仕事を見つけられるか不安です」「たくさん働いても収入が一定。物価は上がるけど保護が切れると困るので収入を増やせない」**など、勤労収入増にともなう保護費減額、廃止への不安の声もある。

【傷つく支援】

公的制度の窓口となる役所の対応に傷ついた経験をもつシングルマザーも少なからずいる。児童扶養手当手続きの窓口では**「申請時に、役所の方に本当にひとり親かと疑うような発言をされたことがある」「異性関係がある前提で調査されること。異性との交流・交際について聞かれたくない」**など、プライバシーや人権への配慮に欠く対応がなされた。生活保護の利用者からは「職員は上から目線でとても不快だった。家庭訪問では事実無根なことを嫌味たらしく言われ苦痛に思い、尋問を受けているようで止んでしまった。お金に困っているが職員と会うことが苦痛にやり辞めた」「保護課の人に足元を見られて役所に行けば睨まれたりされ非常に嫌な思いをした。早く抜け出したかったからがむしゃらに働いて忘れたかった」「ケースワーカーといろいろあり、なかなかうまくいかない。フラッシュバックが起こることが多くなった」との経験談が寄せられた。

【生活保護に対するスティグマの内面化】

さらに、生活保護を利用することに負い目や社会からの疎外感をもつという声も寄せられている。「人の目が気になる」「肩身が狭いです。生活保護を受けているので。周りに言えない」「生活は支えられたが、プライドのようなものやみんなと同じという感覚は失いました。劣等感の日々でした。バレないかおびえていました。人を信用できませんでした。社会から外れているような気持ちでした。子どもに書類をみられないよう必死でした。収入が追いつくよう必死に仕事をしました」。こうした声は、生活保護を受けることに対する恥の意識（スティグマ）が私たちの社会において根強くあること、そのことをシングルマザー自身も負い目に感じていることを示している。

以上のシングルマザーの暮らしの実態や当事者の声を受けて、これからどのような政策、支援が求められるだろうか。最終章でこのことを提言していきたい。

第4章

シングルマザーと子どもたちが安心して暮らしていくために

2　政策への提言―すべての人の命と暮らしを大切にする社会へ―

加美嘉史

1. シングルマザーの貧困はなぜ生まれるのか

厚労省が2023年に発表した日本のひとり親世帯の相対的貧困率は44・5%（2021年）で、国際的に見ても突出して高い貧困率である。しかも、日本ではひとり親世帯の母親の9割近くは賃労働に従事しているが、なぜ働いても貧困という現象が生じるのか。

この問いについてナンシー・フレイザーは、資本主義の構造的問題として市場経済において剰余価値[(1)]を生み出す「経済的生産」（生産労働）と、市場経済の領域では価値を生み出さない家事や子育て（ケア労働）など「社会的再生産」（再生産労働）の分離の問題をあげる。それが経済的生産は男性、社会的再生産は女性というジェンダーに結びつけられ、それによって無償又は低賃金の再生産労働を担う女性（母親）は経済的・社会的に従属的立場に追いやられた、と説明している（フレイザー2023：29、104‐107）。資本主義社会は市場経済の生産労働と異なり、ケア労働は資本にとって直接的な金銭的価値を生み出さない「非生産的」な労働と見なし、そして、その主な担い手に女性（母親）をあてがったのであった。

日本では高度経済成長期以降、女性も労働市場に誘導され、賃労働者化は進んだが、依然として女性の平均賃金は男性の4分の3程度である（「令和5年度賃金構造基本統計調査」）。特に母子世帯の平均年間就労収入は236万円に止まり、非正規労働の割合も高い（令和3年度「全国ひとり親世帯等調査」）。シングルマザーの貧困の背景には母親責任というケアの性別役割規範、そして労働市場における低賃金労働の担い手という二重の矛盾・不平等がある。

2. ひとり親家族対策の問題点

こうした資本主義社会が生み出す矛盾を緩和する役割を担うのは国家である。しかし1980年代以降、経済的給付を依存と捉え、普遍主義や再分配政策を批判する「新自由主義」が台頭し、社会保障費削減とともに自己責任を強調する選別主義的な福祉政策が潮流となった。日本の母子政策は2002年の「母子家庭等自立支援対策大綱」において、①子育て・生活支援、②就業支援、③養育費確保、④経済的支援という枠組みが示され、就労支援を重視する「自立支援」型政策への転換が打ち出された。同年の「母子及び寡婦福祉法等の一部を改正する法律」において経済的支援としての児童扶養手当は「離婚等による生活の激変を一定期間緩和するための給付」と定義され、収入が増えるにつれ手当を減額する仕組みや所得制限額の変更によって給付の実質的引き下げが行われた。一方で就職促進を図るための「母子家庭自立支援給付金」（現在の「母子家庭自立支援給付金及び父子家庭自立支援給付金」）などが創設された。

しかし、それら就業支援は誰もが利用できるわけではない。例えば、教育訓練講座を受講する母や父に対し受講料の一部を給付する「自立支援教育訓練給付金」の2022年度の支給件数は2005件であった。また看護師や保育士等の資格を取得する際に給付金を支給し、生活費の負担軽減を図る「高等職業訓練促進給付金」の資格取得者数は2929人である（こども家庭庁支援局家庭福祉課「ひとり親家庭等の支援について」2024年4月）。これら就業支援は必要な制度だが、修学期間中の子どものケアと生活の保障が不十分なために利用が難しい場合は少なくない。また資格を取得しても低賃金で経済的自立が果たせない場合や人手不足で長時間労働の仕事も多い。子どものケアと生活保障、そして労働環境の改善が必要である。

桜井啓太はOECDの『Child poverty in the OECD』（2018年）の分析からOECD諸国で日本だけがひとり親世帯の親の就業率向上が貧困率改善につながらない「異様な国」であることを示し、現在の就労支援重視の政策的な限界を指摘している。そして就労支援策よりも、働くことが貧困になる不平等な賃金、労働慣行の改善、税・社会保障制度の再分配政策の拡充により、ひとり親世帯の社会的不利（子育て罰）を除去することが貧困削減に効果的であるという指摘をしている（桜井2021：69‐88）。

3. 暮らしを支える基盤の「脱商品化」

では、いまどのような政策が必要なのか？第3章の調査からは特に経済的支援の不足が浮き彫りになった。例えばシングルマザーの世帯年収（手取り）２００万円未満の世帯は63・9％で、住宅費支払後の生活費が10万円未満という世帯が約6割であった。生活費が足らず貯金できない世帯が4分の3を占め、日々の食費や被服費が足りないという切実な声が数多く寄せられていた。また働いている世帯の半数近くは1日8時間、週40時間以上の長時間労働をしているにも関わらず、約4割が「給料が少ない」ため生活困窮状態にある。そして子どもの「教育費・進学費用」に関する悩み（68・2％）や「自身の将来や老後の生活に不安」（68・3％）などいくつも悩みと「あきらめ」の暮らしのなかで、多くの母親は心身の不調や疾病を抱えていた。

こうした状況に対し、国は低賃金・不平等な労働環境を改善し、経済的支援を拡充する必要があると考えるが、ひとり親家庭対策は「自立支援」型政策にシフトチェンジされ、社会保障費抑制のもと経済的支援の優先度は低下している。そもそも社会保障抑制や「福祉の市場化」といった国の政策は、低賃金・非正規労働の拡大、法人税率引き下げなど大企業を中心とした資本の要求に呼応する形で展開されたものであった。このような政策理念では部分的な経済的支援の拡充がなされたとしても社会支出全体の抑制によって社会保険料、福祉サービス、医療費、教育費、住宅費など自己負担が増加する恐れがあり、シングルマザーの貧困状態を改善することは難しいと考えられる。

今日の自己責任型の新自由主義的政策の社会から、すべての人の命と暮らしを大切にする社会に変えていくには市民の「福祉の市場化」に抗する市民の声を広げる運動とともに、住宅、医療、教育、保育、介護、福祉サービスなど暮らしを支える制度を「脱商品化」（低額化、無償化、普遍主義化）するという考え方へと転換していく必要がある。

（1）住宅は社会保障である

人間の暮らしの土台は「住まい」であり、本来、「住まい」は社会保障である。しかし、第1章でも語られていたように、ＤＶから逃げるとき「住まい」の確保は大きなハードルとなっており、シンママ大阪応援団では独自に「ステップハウス事業」を行っている。一方、国の住宅政策は90年代以降の住宅困窮者増大に対しても公営住宅の供給拡大は行わず、住宅の私的所有と市場原理による持家政策を継続した。その結果、公営住宅のカバー範囲は特定カテゴリーの対象者に限定され、民間賃貸住宅が低所得層の居住の受け皿となったのである。調査でも公営住宅の入居世帯は約2割と少なく、半数以上は民間賃貸であった。一方、民間賃貸の家賃は公営住宅家賃の倍以上（平均６万２４９７円）で、住宅費が家計を圧迫している（第3章）。

シングルマザーの重い住宅費負担を軽減する施策としては、①低家賃で良質な公営住宅の拡大、②公的な住宅手当（家賃補助）制度が必要である。その際には、公営住宅や家賃補助の対象者にできる限り所得制限を設けず、中間層を含む人々も対象に含むことで貧困の削減・予防が期待できる。これは給付型奨学金の拡充や給食費の無料化など教育費の負担軽減を図る政策についても同様である。

（2）経済的支援の重要性

現在、国のひとり親世帯に対する主な経済的支援は児童扶養手当と母子父子寡婦福祉資金貸付金による貸付制度などである。しかし、児童扶養手当は2002年改正で収入が増えると手当が減額される仕組みとなり、実質的な給付引き下げが行われた。国の経済的支援が抑制されるなか、応援団の調査では児童扶養手当について「働いたら減額される」仕組みの改善（60・2％）や「児童手当・児童扶養手当の増額、所得制限廃止」（62・4％）を要望する声が多かった。また収入を増やすために子どもとの時間や睡眠を削って働いた結果、所得制限で手当支給額が減額、あるいは支給対象外となって生活が苦しいという切実な声が綴られていた。さらには高校卒業後の教育費負担の重さから、18歳以上は支給されない児童扶養手当制度の改善を求める要望など、当事者からさまざまな制度の問題点が示されていた（第3章）。

所得制限等のある選別主義制度は、普遍主義的制度に比べ貧困削減効果が低いことは先行研究でも指摘されているが、手当額が少ないうえ、所得制限があり収入が増えると支給額が減る児童扶養手当制度の仕組みは貧困削減や予防の面で効果は薄いのが現状である。まず所得制限の撤廃、支給要件の緩和、そして手当の増額といった制度変革が求められる。

また、国の経済支援が不十分で、貧困状態にあるシングルマザーが多い現状にあって、生活保護は特に重要な制度だが、調査ではその利用率は15・8％のみであった。生活保護を利用しない理由は「生活保護に頼らず自分の力でがんばりたい」（38・2％）、「車を手放せないから」（22・4％）など、生活保護に対する社会の眼差しや制度の制約が抵抗感を生んでいた（第3章）。しかし、生活保護はすべての人に与えられた生存権保障としての制度である。生活保護は誰もが利用できる制度であることを国・自治体は積極的に発信し、スティグマと偏見をなくしていく取り組みをしなければならない。

そして、現在の生活保護は子どもが保護を受けながら大学等に進学することを認めておらず、大学生は生活保護から排除されている。そのためシングルマザーの保護世帯の子どもたちも高校卒業後に保護を廃止（世帯分離）しなければ進学はできない。しかし、近年は大学等への進学率は8割を超え、すでに大学進学は「贅沢品」でなく、憲法が定める「健康で文化的な最低限度の生活」に含まれると考えるのが妥当である。保護世帯の子どもや生活に困窮する大学生が保護を利用できるよう制度変革が求められる。

シンママ応援団の活動は現代の資本主義社会・国家が生み出す矛盾―貧困、孤立、分断、福祉の市場化、そしてジェンダー不平等と女性に対する収奪が生み出したケアの危機―に抗する当事者と市民による連帯のちいさな運動である。しかし、この連帯の広がりの先にすべての人の命と暮らしを大切にする、もうひとつの未来社会の輪郭が見えてくると考える。

(1)　剰余価値とは、簡単に説明すると資本の生産過程において、労働者が自分の「労働力」を売った価値＝賃金を超えて生み出され、自己増殖しながら資本に転嫁していく価値のこと。もう少し詳しく知りたい方は。白井聡『マルクス―生を飲み込む資本主義』（講談社現代新書）などの本をお読みください。

〈文献〉
末富芳・桜井啓太（２０２１）『子育て罰―「親子に冷たい日本」を変えるには』光文社
ナンシー・フレイザー（２０２３）『資本主義は私たちをなぜ幸せにしないのか』ちくま新書

2　支援への提言

増淵　千保美

1．当事者と同じ地平に立ちきれるか？

これまでの章で明らかなことは、シングルマザーや子どもたちが決して「支援される」だけの存在ではなく、私たち支援者も「支援する」だけの存在ではないということである。人は、それぞれのライフステージで、今は自らの力を蓄えている期間の人もいれば、たまたま今、力が発揮できない環境や状況にある人もいる、しかし、仲間という拠り所があれば自らの力を発揮できる人もいる。これが人間ではないだろうか。人は、一面だけの姿をもっているのではない。支える側、支えられる側という二項対立的な関係ではなく、共に立ち向かう仲間として、応援活動の先にある〝めざす社会〟を見据えて取り組んでいくことが重要であろう。シンママ大阪応援団の成り立ちが社会保障運動の一環として位置づけられたことは、非常に意義深いことである。また、シンママ熊本応援団もささやかながら、ひとりでも安心して子育てができる社会をつくることを理念に取り組んでいる。

そのために、まずは当事者のおかれた社会的状況とその声から学び、「支援者」と呼ばれる人自らの認識を育てる必要がある。当事者の声をもとに、当事者と共に考え行動することは、ひとり親世帯へのサポートの原点である。それゆえに、自らよって立つ位置がシングルマザーや子どもたちと同じ地平にあるのか常に問いかけ、意識的に行動していなければならない。では、同じ地平に立つことのできる共通項は何か?ひとり親世帯の中でもシングルマザー世帯を中心に応援活動を展開しているということは、労働場面や社会生活上、様々な差別を受けている女性たちに共通した課題に取り組んでいるということでもある。また、女性労働者をテコに推し進められてきた不安定・低賃金労働政策は、いまや男性労働者も含めた全労働者の共通課題である。さらには、子育て世帯との共通項もある。日本では、生活や子育ての社会化が十分に進んでおらず、二人親世帯においても、どちらか一方が怪我や病気、失業等で収入が途絶えたり減少すると、脆弱な社会保障のために、たちまち生活がたち行かなくなってしまう可能性が高く、それによって子どもの生活も左右されてしまうのである。私たちは、このような状況を少しでも変えていくためにママや子どもたちと共に行動しているのである。

2. 相談を受けたらしっかり付き合い、丁寧につなぎ、最後まで見届ける。でも押し付けない

当事者の声や願いをもとに取り組むためには、得意分野や専門性をもったサポーターとの協

力・連携が欠かせない。相談対応においても、一人で抱え込むのではなく、専門家とシェアしていくことが当事者の抱える課題の解決につながる。ただ、その繋ぎ方も慎重に進めて行く必要がある。まずは、相談を受けた者がその当事者と対等な関係を目指して信頼関係を作り、本人の意向に沿いながら丁寧に専門家につなげ、フォローしながら最後まで責任をもって見届けることが求められる。それが、彼女たちを一人ぼっちにさせないということにもつながるのではないだろうか。

応援活動をしている中で、残念ながら「支援者に傷つけられた」という経験を持つママたちと出会うことがある。シンママアンケート（第2章185頁）の中でも、生活困窮や子育てに専門的に対応する公的支援者が相談相手と答えた人は、1割にも満たなかった。そして、5人に1人が「相談や頼れる相手がいない」、8人に1人が「人に頼れない・頼りたくない」と回答している。自由回答では、シングルマザーが「誰かに相談することに疲れてしまいました。相談することが人任せと言われたり、困っている内容の理解をしてもらえない」と記していた。これは、当事者の責任ではなく、国や自治体行政、学校をはじめ、公的機関で社会的に対応されずに放置されてきた人々の声を代表しているのである。そうして声を出すことを諦め、社会への不信を募らせ、孤立していく。その先には、もう「絶望」と「死」しか待っていない。

私たちは、このことを真摯に受け止め続けなければならない。それは、市民団体の活動においても共通する面があるからだ。そこでは、「この人は支援に値するのか」、「真面目に頑張っている人なのか」という支援者側の狭い経験や価値観、道徳的判断で、誰が「支援」の対象となるか否かを選定しているようにも感じられる。すでに、公的制度やサービスで振るい落とされ、傷つけられてきた経験を持つママたちに、市民団体がさらに追い討ちをかけることがあってはならない。そのためには、私たちが何のために活動をしているのか、その目的・課題と社会全体における市民団体の位置と役割について、再度確認する必要があるのではないだろうか。その時に手掛かりになるもっとも基本的な指針は、日本国憲法である。とくに第25条に謳われている「健康で文化的な最低限度の生活を営む権利」である「生存権」が侵害されていないかという視点から、その人や家族の暮らしについて想像力を働かせながら当事者が語る言葉を受け取りたいものである。

また、こちらの一方的なマニュアル化された支援を押し付けない、ということも認識しておく必要がある。私たちは、経験と学習によって、ある程度の支援の道筋を会得していく。しかし、出会った目の前にいるママと子どもたちは一人たりとも同じ親子、人ではない。その人の生き方、人生経験があり、その人なりの生きていくための論理がある。そのことを無視して、「支援者がしたい支援」をすれば、やがて二次被害を招くことになりかねない。まずやらなければならないことは、当事者が何を必要としているのか、その声をよく聴くこと、そこから私たちが何をしなければならないのかを明らかにし、各関係者・機関と連携しながら取り組んでいくことではないだろうか。そのためには、当事者自らが語りたいと思えるような存在に私たちがなることである。大阪応援団の寺内順子さんが「大丈夫？」より「ご飯食べよう！」をモットーに美味しい料理を作り、ママや子どもたちと食卓を共にすることは、その典型である。決して、こちらの用意した支援に従わせるような支配的な関わりだけは避けたいものである。

3. 活動を通して連帯し、ママや子どもたちと共に「声」を国・自治体行政、社会に届けること

私たちは、市民の立場から、制度の十分でないところ、届いていないところを活動としてカバーしている面がある。しかし、一市民団体における対応には限界がある。したがって、国や自治体行政に対して安定した制度の改善を求め、提案することは非常に重要な役割である。私たちの活動の先にあるもの―ひとりでも安心して子育てができる、誰もが幸せに暮らせる「社会」をつくることは、多くの世帯にとっての希望にもつながる。そのことを見据えて、まずは現在関わっている行政担当者や学校関係者等と顔の見える関係を築き、対話を重ねながら当事者の声や願いを届けていきたい。そのような取り組みの重なりが、「ひとりぼっちじゃない」とママ

や子どもたちが実感でき、孤立した親子を一世帯でもなくすことにつながるのであろう。

さらに、第2章2（5）の事例でも示したように、シングルマザー自身も自ら声をあげて、現実をかえることができた。この経験は、厳しい現実の中でも「諦めなくていい」と思える希望の灯となっている。そして、そのようなおとなたちの姿を、未来を担う子どもたちにも引き継いでいけたらと願っている。そのためにも、まずはママが元気になること。それが子どもたちの元気の素になるからだ。だからこそ、ママを大切にする「シンママ応援団」は、今、なくてはならない存在であり、この活動を通してこれからも社会に提起し続けていきたい。

おわりに

シンママ大阪応援団は活動10年目、熊本応援団は8年目です。

熊本応援団の増淵代表とは、彼女が大学院生の頃からのお付き合いですから、かれこれ20年以上のお付き合いです。いまでは心を一つにして大阪と熊本で応援団の活動をしています。

シンママ応援団は、多分、日本で一番「ゆるい」サポート団体です。食糧等支援も、申請も証明も審査も無し。出会ったその時からサポートがはじまり、ご本人が卒業を申し出る日まで続きます。なぜなら、食糧支援はこの先長く続くサポートの入り口だからです。ここで入り口を狭めてしまっては意味がないからです。

コロナ禍のはじまった2020年の春、そして第一波が過ぎ、第二波がきたあの夏の頃、私のスマートフォンには、夜中、「死にたい」と訴えるママたちからのラインがよく来ました。そのころ、マスコミでも女性の自殺が急増しているとの報道がよくされるようになりました。

先が見えない不安、仕事がなく食べるものが手に入らない日々、私はもう子育てができないのではないか…。「死んでしまいたい」と思っても仕方ありません。そんな悲壮なSOSが届いて、「あなたには子どもたちがいるんだから死んではだめ、しっかりと生きましょう」なんて言っても何の意味もありません。そんなこと、みんな百も承知で、言われなくてもわかっています。

私はそういうＳＯＳが来たらこう返しました。「何か食べたいものある？」

するとと出てくる出てくる、食べたいものが…。「ゴディバのチョコレートが食べたい」「果物が食べたい」「お肉が食べたい」…。すぐに高級なものを選んでアマゾンから送りました。もちろんゴディバチョコレート。これもみんなママたちのための緊急スペシャルボックスですね。

次の日には届くアマゾンにこんなに感謝したことはありません。会えないけど、あなたのことを心配しているよ、大切だよ、だから美味しいもの食べてね。

そして、何回も押し寄せてくるコロナ禍の波を経てシンママ応援団のみんなは生き抜きました。誰一人、死ななかった。餓死しなかった。自死しなかった。よく生きてきたよね、みんな。そう伝えたい。

いま、物価高の中で、シンママさんたちのくらしは一層深刻になっています。けれど、毎月毎月どんなことがあっても届くボックスの中にはお米がはいっています。「ああ、これでご飯がちゃんと食べられる」「生きていける」「子どもを育てていける」…。お米が与える安心感は絶大だと痛感しています。

そして、お米が足りないと伝えれば、調達して送ってきてくださるサポーターさんがいます。靴がない、お布団がないと伝えればアマゾンのギフトカードを送ってくださるサポーターさんがいます。クリスマスだからとシュトーレンを沢山焼いて送ってくださるケーキサポーターさんがいます。数え上げたらきりがないほどに、サポーターさんが様々なサポートを申し出てくださいます。

誰かが誰かを大切に思いやりそして行動する、つまりケアする人をケアする。私はこれを「優しい世界」と表現しています。

２０２４年10月のママのためのお誕生日ケーキを受けとったあるシンママさんからの声を紹介します。私たちが作っていきたいのはこういう「優しい世界」です。

お誕生日前にチーズケーキが届きました。
自分へのケーキ?!私の為のケーキ?!いいの?!
私の誕生日を誰かが覚えていてくれて大切に扱ってくれている。
喜びで涙がでました。
お手紙に今日まで懸命に生きてくれてありがとうの言葉にまた涙しました。
頑張る事が当たり前になっていたからか、この言葉が心にささりもう少し自分を認めて肩の力を抜いてみよう！と思いました。

美味しいチーズケーキにも感動でした、本当にありがとうございました。


最後に、応援団を「卒業」したシンママさんからのメッセージを紹介します。

一度もお会いしたことのない方ですが、5年間しっかりと応援団の思いを受け取って下さいました。いつ日にか、ケアは巡ると思います。

いつもお世話になっております。

今回、毎月頂いてますスペシャルボックスを停止して頂きたくメールしました。

私がシンママ大阪応援団にお世話になったのは5年前からです。

その時は一人でこども2人を育てることに精一杯でした。

しかし、シンママ応援団の皆様の助けを借りながら、コロナ渦の中、なんとか看護学校を入学、卒業し、今は看護師として、安定した生活を送ることができるようになりました。

その背景もあり、ボックスを停止して頂きたく思います。

また、毎回、ボックスの中に奨学金の情報を入れて下さりありがとうございました。

ニトリ奨学金、大阪つばさ奨学基金に応募し、娘が給付型の奨学金を受けることができました。

これで、娘の進学の夢も叶えることができました。

一人で悩んでた時もありましたが、シンママ大阪応援団の皆様のおかげで、私達家族は救われました。

次は私や娘達が還元していく番です。

今すぐとまではいかないですが、少しずつですが、恩返しをさせて下さい。

5年間私達家族を支えて下さり本当にありがとうございました。

2024年11月10日　一般社団法人シンママ大阪応援団　代表理事　寺内順子

【著者紹介】
砂脇　恵（すなわき　めぐみ）
龍谷大学社会学部准教授、一般社団法人シンママ大阪応援団理事。
専門は社会福祉学、生活問題論。主著『公的扶助の基礎理論―現代の貧困と生活保護制度』（共著、ミネルヴァ書房、2009年）、『現代社会における「福祉」の存在理由を問う―生活と現場をつなぐ取り組み』（共著、ミネルヴァ書房、2018年）、「シングルマザーの生活問題と健康状態」（『大阪保険医雑誌』2023年5月）、「母子福祉政策の規範性」（『龍谷大学国際社会文化研究所紀要』2020年）など。

増淵千保美（ますぶち　ちほみ）
尚絅大学短期大学部幼児教育学科教授、一般社団法人シンママ熊本応援団代表理事。
専門は児童福祉、社会的養護、保育実践研究。
主な著書は『児童養護問題の構造とその対策体系ー児童福祉の位置と役割』（高菅出版、2008年）、『大量失業社会の労働と家族生活』（共著、大月書店、2012年）、『保育の中の児童養護―子ども家庭支援につなぐ保育とは』（共著、自費出版、2020年）、「社会的養護のまなざし―背後にある暮らし丸ごとの子ども理解」（『発達』ミネルヴァ書房、2021年）、「保育実践方法の体系化に関する一考察―子ども家庭支援の観点から考える」（尚絅子育て研究センター『児やらい』第18巻第2号、2022年）など。

寺内順子（てらうち　じゅんこ）
1982年佛教大学社会学部社会福祉学科卒業、1991年大阪社会保障推進協議会(大阪社保協)入局、2005年大阪社保協事務局長就任、2018年一般社団法人シンママ大阪応援団代表理事就任。
主な著書に『「大丈夫？」より「ごはん食べよう！」』（日本機関紙出版センター、2020年）、『シングルマザーをひとりぼっちにしないために』（共著、同、2017年）、『検証！国保都道府県単位化問題』（同、2016年）、『基礎から学ぶ国保』（同、2015年）、『明日もやっぱりきものを着よう』（同、2013 年）、大阪社保協ハンドブックシリーズほか多数。

加美嘉史（かみ　よしふみ）
佛教大学社会福祉学部教授（貧困研究、公的扶助論、就労支援）。
主な著作に、『現代の貧困と公的扶助―低所得者に対する支援と生活保護制度』（共編、高菅出版、2016年）、『漂流するソーシャルワーカー―福祉実践のジレンマ』（共編、旬報社、2024年）、『救護施設からの風』（監修、クリエイツかもがわ、2019年）、『就労支援（第2版）』（共著、ミネルヴァ書房、2014年）などがある。

表紙・挿絵　いるかいるか

ケアがつなぐ連帯　シングルマザーの声が届く社会をめざして

2024年 12月22日　初版第2刷発行

編集代表　砂脇　恵
編者　シンママ大阪応援団・シンママ熊本応援団
発行者　坂手崇保
発行所　日本機関紙出版センター
〒553-0006　大阪市福島区吉野3-2-35
TEL 06-6465-1254　FAX 06-6465-1255
http://kikanshi-book.com/　hon@nike.eonet.ne.jp
本文組版　Third
編集　丸尾忠義
印刷・製本　日本機関紙出版センター

ISBN 978-4-88900-335-2

日本機関紙出版の好評書

シングルマザーを ひとりぼっちにしないために

ママたちが本当にやってほしいこと

孤立していた4人のシンママたちが語り合った初めての座談会。貧困と社会の眼差しに向き合いながら、何よりも子どもの幸せを願う彼女たちの人生を支援するために必要なことは何か。

シンママ大阪応援団／編
芦田麗子／監修
46判 ソフトカバー 164頁 定価1650円

「大丈夫?」より 「ごはん食べよう！」

シンママ大阪応援団・Zikkaのごはんレシピ集

シンママ大阪応援団のサポートは「何も聞かない、なにも言わないサポート」。ママが話したくなった時に聞き、アドバイスを求められれば情報提供し、専門家につなげる。一番大切にしているのは、Zikka(居場所)でおいしいごはんをみんなで一緒に食べて、しゃべって笑う何よりの幸せな時間。

寺内順子／著　小熊智子／イラスト
A5判 ソフトカバー 152頁 定価1760円